AF459575

LA LIBERTÉ

DE

L'IMPRIMERIE

AU POINT DE VUE DES INTÉRÊTS

DE L'INDUSTRIE TYPOGRAPHIQUE

PAR

ERNEST HAMELIN

DIRECTEUR DE L'IMPRIMERIE GRAS

(DE MONTPELLIER)

PRIX : 1 FRANC

PARIS
GUILLAUMIN ET Cie
RUE RICHELIEU, 14

MONTPELLIER
GRAS
IMPRIMEUR-ÉDITEUR

M DCCC LXVII

La suppression du brevet, décidée dans les hautes sphères gouvernementales et soumise en ce moment à l'examen du Corps législatif, fait redouter pour l'Imprimerie française une crise dont on s'exagère probablement la gravité et la portée, mais dont l'imminence a mis en émoi les intérêts les plus légitimes et les plus respectables. Une industrie établie sur de certaines bases, vivant sous certaines conditions qu'elle considère comme protectrices, et organisée en vue de ces conditions, ne voit pas, en effet, sans trouble et sans appréhension, tomber les appuis sur lesquels elle est habituée à compter.

Aussi trois congrès d'imprimeurs se sont-ils successivement réunis à Paris et à Tours, pour conjurer, ou tout au moins pour atténuer le danger dont l'industrie typographique se croit menacée.

La question essentielle qui faisait l'objet de ces réunions a-t-elle été examinée avec tout le calme et toute la liberté d'esprit qu'elle réclamait? Nous ne le pensons pas: les intérêts directement engagés étaient sous le coup d'une excitation trop récente encore pour qu'on ait pu franchir le cercle étroit de l'accident immédiat, pour qu'on ait pu s'élever à cette hauteur de point de vue qui seule permet d'embrasser l'avenir avec quelque sûreté de coup d'œil; et, si des motifs que nous respectons, l'influence probable de quelques hautes notabilités typographiques, ont donné aux procès-verbaux un cachet de modération auquel nous nous plaisons à rendre hommage, il n'est douteux pour personne qu'ils n'ont pas traduit exactement la pensée dominante et presque unanime de ces assemblées.

Aussi, après bien des hésitations, nous sommes-nous décidé à exposer sur l'importante question qui est en jeu des idées de longue date enracinées chez nous, et qui, nées et développées en dehors des préoccupations actuelles, n'en ont reçu d'autre influence qu'un réveil énergique et un besoin d'expansion de plus en plus accusé. Nous ne nous dissimulons pas ce qu'il y a de téméraire dans notre tentative, et nous ne nous faisons aucune illusion sur ses chances actuelles de succès. Notre opinion fera probablement aujourd'hui peu de prosélytes parmi les hommes que nous désirerions le plus vivement convaincre; mais peu importe: si elle est vraie, tôt ou tard elle portera ses fruits.

La thèse que nous soutenons, c'est que, d'une manière générale, et abstraction faite d'un certain nombre de cas particuliers, l'Imprimerie a tout à gagner à rentrer dans le droit commun de l'industrie et à rompre avec le régime du privilége, qui est à nos yeux la cause la plus positive de l'état de malaise et, il faut dire le mot, de décadence, dans lequel elle est tombée en France, en province tout au moins: c'est, de plus, que la transition de l'état de choses actuel à celui de la libre concurrence sera loin d'avoir les effets désastreux que redoutent les esprits timorés. Notre travail sera donc divisé en trois parties principales : nous étudierons d'abord la situation de l'Imprimerie telle que l'a faite la législation qui l'a régie jusqu'à aujourd'hui ; nous examinerons ensuite les conséquences probables et définitives de son émancipation ; nous exposerons enfin les raisons qui nous portent à croire qu'aucune secousse violente, aucune perturbation grave, ne viendra marquer la transformation, toujours redoutée, des conditions économiques d'une grande industrie.

Nous avons cru devoir ajouter à ces considérations, toutes spéciales à l'Imprimerie, quelques pages pour limiter une question à laquelle on s'efforce de donner des proportions tout à fait exagérées : nous nous attachons à y démontrer, par le raisonnement et par les faits, qu'elle a un caractère purement et exclusivement économique, n'influençant en réalité, malgré les apparences contraires, ni la moralité, ni le régime gouvernemental, ni la constitution sociale d'une nation ; que les intérêts généraux de la société peuvent trouver une sauvegarde dans les mesures répressives, mais que la mesure préventive du brevet est d'une impuissance radicale à ce point de vue ; qu'en un mot, la Presse et l'Imprimerie représentent deux ordres de faits essentiellement distincts, et que, si la législation qui régit la première rentre évidemment dans le domaine de la politique, celle qui régit la seconde n'est rationnelle que tout autant qu'elle ne s'écarte pas des principes fondamentaux du droit industriel.

Voilà le thème que nous nous sommes proposé de développer : à défaut d'autre mérite, nous croyons y avoir mis tout au moins la plus complète indépendance de pensée, et, si la vivacité de la phrase y trahit peut-être souvent la vivacité de la conviction, nous ne pensons pas qu'on puisse nulle part y entrevoir un sentiment violent ou une préoccupation personnelle. Nous avons voulu faire « un livre de bonne foi » ; s'il laisse cette impression au lecteur, nous aurons obtenu le résultat auquel nous tenons par-dessus tout, quel que soit d'ailleurs son jugement sur l'ensemble de notre travail.

Montpellier, juin 1867.

LA

LIBERTÉ DE L'IMPRIMERIE

AU POINT DE VUE DES INTÉRÊTS

DE L'INDUSTRIE TYPOGRAPHIQUE

I

LE RÉGIME ACTUEL

La législation à laquelle est soumise aujourd'hui l'Imprimerie a son point de départ dans la loi du 21 octobre 1814 ; on ne se réfère plus aux décrets de l'époque impériale, qui ont édicté cependant les premiers le rétablissement du brevet, supprimé pendant toute la période comprise entre la promulgation de la Constitution de 1791 et le 1er janvier 1811.

Une réflexion, que l'étude des faits vient amplement corroborer, se présente immédiatement à l'esprit, à la lecture de cette loi de 1814 : c'est le manque absolu de garantie contre l'abus et la mauvaise répartition des brevets. A l'encontre de ce qui existe pour les offices ministériels, dont le nombre est réglementé d'après certaines bases qui assurent les titulaires contre toute chance imprévue de concurrence, l'Imprimerie est mise absolument à la discrétion de l'autorité supérieure, qui ne s'est imposé aucune entrave, aucune mesure[1]. A son point de vue, cela se comprend : le mobile qui l'a guidée n'était pas l'intérêt de l'Imprimerie ; il est tout entier dans ces paroles de Napoléon au Conseil d'Etat : « L'Imprimerie est un état qui intéresse la politique ; dès lors, la politique doit en être juge. » La loi de 1814, comme les décrets du premier Empire, est donc purement et simplement une loi politique ; la protection de l'industrie typographique ne pouvait entrer et n'est entrée pour rien dans la pensée qui l'a dictée, et les gouvernements qui se sont succédé depuis soixante ans n'ont vu en elle qu'un bouclier contre les attaques de la presse, ou une arme à mettre aux mains de leurs partisans. Il est tout simple, dès lors, qu'ils ne s'en soient servis que dans le but de se garantir ou de répandre les principes qu'ils représentaient.

Nous n'avons pas à examiner ici s'ils ont eu raison ou tort ; nous n'avons à envisager que le côté économique de la question, qu'à constater que, l'intérêt plus ou moins bien entendu des divers régimes politiques qui ont passé sur la France ayant, au moins pour la plus grande part, déterminé les octrois de brevet, cet intérêt a pu et a dû souvent se trouver en opposition avec celui de l'industrie soumise à un système aussi arbitraire.

En résumé, le pouvoir discrétionnaire, absolu, de l'Etat, de conférer des brevets à qui il veut, où il veut, et dans la mesure qu'il veut ; c'est-à-dire de fonder en réalité, au seul gré de ses convenances, pour des besoins ou des intérêts parfois accidentels, des établissements

[1] Le décret du 5 février 1810 porte bien : « Art. 3. — A dater du 1er janvier 1811, le nombre des imprimeurs *sera fixé*, et celui des imprimeurs de Paris réduit à soixante » (le décret du 11 février 1811 a élevé ce nombre à quatre-vingts) ; mais cet article n'a été appliqué qu'à Paris. Il présentait pour la province des difficultés telles, qu'on a dû renoncer dès le principe à une mesure uniforme. Nous avons feuilleté, dans tous les Recueils administratifs, la partie relative à cette époque, sans pouvoir trouver un seul document qui pût nous éclairer sur la marche que l'on avait suivie. Nous avons dû recourir à nos archives départementales, obligeamment mises à notre disposition, et parcourir toute la correspondance échangée à ce sujet ; il est résulté de nos recherches que, après de nombreux tiraillements, on s'était décidé, pour l'Hérault, à régulariser purement et simplement la position des imprimeurs existants. Une seule exception a été faite, au détriment d'un de ceux-là mêmes dont le maintien avait été, dès le principe, nettement arrêté ; mais cette exception a eu une cause essentiellement politique. La Restauration a rétabli l'imprimerie de cet honorable typographe, que ses fils ont dignement continuée jusqu'à nos jours. — Il est probable que les choses se sont passées d'une manière analogue dans les autres départements.

L'ordonnance royale du 24 octobre 1814 porte également : « Art. 1er. — Les brevets d'imprimeur et de libraire délivrés jusqu'à ce jour sont confirmés ; les conditions auxquelles il en sera délivré à l'avenir seront déterminées par un nouveau règlement. » Mais ce règlement n'a jamais paru.

En fait, l'Administration ne s'est jamais crue liée par des dispositions ainsi restées à l'état de projet et a constamment passé outre : c'est là le point important.

qui presque toujours persistent lors même qu'ils n'ont plus leur raison d'être — nous en expliquerons plus loin la cause — voilà le régime sous lequel vit, disons plutôt sous lequel végète l'Imprimerie française. Si l'on considère, de plus, que la lourde responsabilité imposée à l'imprimeur a pour corollaire une pénalité monstrueuse, non-seulement parce qu'elle est excessive, mais encore parce qu'elle est arbitrairement prononcée par l'administration, sans jugement et sans appel, le retrait du brevet, que peut entraîner la plus légère contravention [1], — en sorte que la possession d'une imprimerie n'est jamais qu'une propriété précaire, à la merci de la distraction d'un metteur en page oubliant de placer au bas d'un journal le nom et l'adresse exigés par la loi; — si l'on considère encore que le brevet fixe le titulaire à la résidence pour laquelle il est délivré, qu'il entrave ainsi des déplacements auxquels on se résigne difficilement déjà dans les professions les plus libres, on se demande comment peut se maintenir et se développer une industrie placée dans des conditions aussi anormales, ainsi gênée dans ses mouvements les plus simples, ainsi soumise en détail aux perturbations les plus subites, venant s'ajouter aux crises inévitables et naturelles dont, comme les autres, elle subit les atteintes.

Nous doutons qu'on trouve, dans l'histoire du travail, un autre exemple d'un monopole constitué d'une façon aussi illogique. On comprend les anciennes corporations, on comprend la vénalité des offices ministériels et la législation qui les régit, on comprend les garanties exigées pour l'exercice de certaines professions, de la pharmacie notamment: tout cela découle d'un principe dont on peut contester la justesse et l'équité, mais qui produit des conséquences rationnelles, en harmonie avec la source d'où elles émanent. Mais un privilége qui enlève toute sécurité à la propriété et qui ne donne pas de garantie contre la concurrence, tout en détruisant la liberté d'action, l'équilibre naturel de forces qui font de la concurrence le grand moteur et le régulateur souverain du travail moderne; un privilége qui produit les inconvénients sans donner les avantages, n'est-ce pas le faux et l'absurde à la suprême puissance?

Si du point de vue théorique nous descendons à l'étude des faits, nous heurtons à chaque pas des conséquences qui viennent amplement confirmer nos prémisses.

Qu'on veuille bien se reporter à l'époque qui a suivi immédiatement la promulgation des décrets de 1810 et de 1811. Les imprimeries

[1] Loi du 21 octobre 1814, art. 12: « Le brevet pourra être retiré à tout imprimeur ou libraire qui aura été convaincu, par un jugement, de contravention aux lois et règlements. »

n'étaient pas nombreuses alors : il y en avait, il est vrai, une certaine quantité dans les chefs-lieux de département, dans les grands centres, où la propagande de la période révolutionnaire en avait provoqué l'établissement ; mais la très-grande généralité des villes de troisième et de quatrième ordre en était dépourvue. D'un autre côté, les capitaux nécessaires pour installer et entretenir un atelier étaient des plus minimes : on s'établissait avec quelques quintaux de caractères et une ou deux presses de bois ; les maisons de province occupant quatre ou cinq presses étaient bien rares, et le décret du 5 février 1810, reproduisant une disposition des anciens édits royaux, contient cette curieuse indication :

« Art. 6. — Les imprimeurs seront tenus d'avoir à Paris *quatre* presses, et dans les départements *deux.* »

Quatre presses de bois, moins que l'équivalent d'une petite machine en blanc comme on en rencontre aujourd'hui dans des chefs-lieux de canton, voilà ce qui, en 1810, paraissait suffisant pour constituer une imprimerie digne de la capitale de l'Empire français !

On comprend que, dans ces conditions, quelque restreint que fût alors le nombre des imprimés, les titulaires de brevet, maîtres d'un marché relativement étendu, généralement instruits et dirigeant personnellement leur maison dans tous ses détails, n'ayant qu'un faible capital engagé et des frais généraux insignifiants, réalisassent d'importants bénéfices.

La Restauration ne fit qu'améliorer cet état de choses ; elle n'accorda pas de nombreux brevets, l'outillage ne fut pas sensiblement modifié[1], et l'impulsion donnée aux idées dans tous les sens dut avoir pour effet de développer les établissements existants et d'en accroître la prospérité. L'annonce suivante, que nous avons trouvée dans le n° du 30 septembre 1820 de la *Bibliographie de France,* prouve qu'à cette époque encore l'Imprimerie n'était pas entrée dans la voie de la grande industrie, et qu'à Paris même des maisons importantes ne possédaient qu'un matériel inférieur à celui qu'ont aujourd'hui bon nombre de maisons de province d'un rang secondaire :

« A vendre, à Paris, une *très-belle* imprimerie, occupant conti-
» nuellement *dix presses,* dont une partie sur des ouvrages d'adminis-
» tration attachés à l'établissement, et d'un bon produit. »

Avec la Restauration finit la période de prospérité de l'Imprimerie

[1] Nous sommes loin de nier l'importance des améliorations apportées dès cette époque au matériel typographique : l'introduction de la presse Stanhope et de la stéréotypie au plâtre, notamment, qui datent de 1818, ont fait certainement faire un grand pas à l'art ; mais nous n'avons à envisager que les conséquences économiques, qui ont été peu importantes à Paris et nulles en province.

brevetée. Voici venir 1830. La bourgeoisie libérale, dans toute la force alors d'une virilité sitôt éteinte, excitée par la lutte et par la victoire, met une ardeur inouïe à propager sous toutes les formes les idées qu'elle vient de faire triompher; elle emploie à la poursuite de son but tous les moyens dont peut disposer un parti riche, instruit et maître du pouvoir. Au premier rang de ces moyens est la publicité. Des journaux surgissent de toute part: politique, littérature, arts, sciences, industrie, agriculture et commerce, toutes les branches de l'activité humaine ont leurs organes, qui se multiplient jusque sur les points les plus reculés du territoire. En dépit de ses tendances ultrà-centralisatrices, cette époque a fondé la presse départementale. C'est là, incontestablement, le plus grand mouvement intellectuel qu'on ait vu depuis le commencement du siècle ; moins profond peut-être que celui qui a signalé la Restauration, il avait en revanche une bien autre étendue : c'était comme l'épanouissement, l'irradiation du travail plus concentré de la période précédente.

La conséquence inévitable de cet élan général de la pensée a été la multiplication à l'infini des établissements typographiques. Autant la Restauration s'était montrée sobre d'octrois de brevet, autant le gouvernement de Juillet s'en montra prodigue. Pour peu qu'un homme fût appuyé par un personnage politique, et qu'il n'eût pas à lutter contre quelque individualité influente du corps typographique — ce qui arrivait, il est vrai, quelquefois — il était toujours sûr, avec un peu de patience, d'obtenir un privilége d'imprimeur. Et, comme les besoins de la consommation étaient devenus réels, les demandes affluaient, affluaient au point d'avoir rapidement dépassé la limite à laquelle elles auraient dû s'arrêter. Les plus petites localités se trouvèrent pourvues, les grandes regorgèrent. Le nombre des imprimeurs de province, qui n'était que de 585 en 1825, s'élevait à 916 dès 1843.

Mais cet accroissement de quantité n'offre qu'un côté, le côté le moins important, de la question qui nous occupe: il faut en envisager une face autrement sérieuse, l'accroissement de puissance productrice.

Parallèlement au mouvement d'expansion dont nous venons de parler, se produit une transformation radicale dans l'outillage : la presse mécanique vient de naître, appelant fatalement, en quelque sorte, le concours de la vapeur[1]. D'abord affecté seulement à l'impression des

[1] On sait que la première presse mécanique a été construite en Angleterre, pour l'impression du *Times*, en 1814; dès 1823, on importait d'Angleterre en France une machine destinée au *Magasin pittoresque;* mais ce n'est qu'après 1830 que l'usage s'en est généralisé à Paris et a commencé à s'étendre à la province. La première machine typographique de fabrication française (celle de M. Gaveaux) n'a paru qu'en 1829, et à l'Exposition de l'industrie de 1834 ne figurait pas encore la

journaux et de quelques travaux grossiers, le nouvel engin s'améliore progressivement et arrive à un degré de perfection tel, qu'il devient, entre les mains d'ouvriers habiles, capable d'exécuter les tirages les plus luxueux, d'imprimer la gravure même avec une délicatesse et un fini qui ne le cèdent pas aux presses à bras les mieux manœuvrées[1].

Paris d'abord, quelques grandes maisons de province ensuite, s'emparent de ce puissant instrument de travail, s'organisent sur une échelle inconnue jusqu'alors, révolutionnent en un mot, de fond en comble, les conditions économiques d'une profession qui avait conservé jusque-là les calmes et patriarcales allures de la vieille école industrielle.

Mais peu importe de pouvoir produire beaucoup, si la matière de la production manque ; il faut à tout prix un aliment à ces colossales usines, qui ne peuvent chômer sous peine de mort. Sans doute, après le moment de crise occasionné par la nouvelle révolution, la Librairie prend un essor inouï : l'instruction se propage, et les masses commencent à lire ; le système des publications par livraisons, des *pittoresques*, comme on les appelait alors, secondé par les remarquables perfectionnements apportés à la gravure sur bois, crée en quelque sorte une nouvelle forme du livre, devenue rapidement populaire ; M. Charpentier et de nombreux imitateurs mettent à la portée des fortunes les plus modestes tous les chefs-d'œuvre littéraires ; M. Mame couvre la France de ses charmantes éditions liturgiques et classiques ; MM. Delalain, Didot, Hachette, pour ne citer que les plus marquants et les plus connus, se font, en quelque sorte, les apôtres de l'instruction publique, en répandant à profusion des livres aussi excellents par le fond qu'irréprochables par la forme : — sans doute, la consommation, provoquée de tout côté par la diffusion des lumières et le bon marché, augmente dans des proportions considérables ; mais la pro-

moindre impression mécanique. Un typographe des plus recommandables, auquel nous empruntons en partie ces détails, M. Frey, auteur du *Manuel de typographie* de la collection Roret, écrivait en 1835 les lignes suivantes : « La presse » mécanique à imprimer ne fera jamais *bien*, si l'on interprète ce mot par le *beau*... » Elle s'est approprié à bon droit le tirage des journaux, ainsi que ceux qui, par » leur but particulier, doivent être livrés à bas prix... ; mais là s'arrêtent ses droits : » le bon courant, le beau, le luxe, sont du domaine de son aînée, la presse manuelle, » dont elle est le DIMINUTIF. » Cette opinion si formelle, longuement et fortement motivée par un praticien consommé, avait sa raison d'être en présence des machines alors existantes ; mais elle a longtemps fait loi et était encore dominante, il y a quinze ans, dans les imprimeries de province.

[1] La magnifique *Bible* de Gustave Doré, le plus splendide travail qui soit sorti des ateliers du premier imprimeur de France, M. Mame, a été entièrement tirée sur presse mécanique.

duction la devance encore, et l'immense mouvement d'affaires de la Librairie parisienne ne suffit pas à l'alimenter.

Elle s'adresse alors à l'une des sources les plus importantes du travail typographique en France, aux administrations publiques. Placés au centre de cette immense machine gouvernementale qu'on appelle la centralisation, quelques grands imprimeurs parisiens mettent tout en œuvre pour la faire fonctionner à leur profit. En rapports personnels avec les employés supérieurs des ministères, ils collectionnent toutes les formules en usage, et, par des tirages énormes, exécutés pour la France entière et placés par leurs voyageurs d'abord, plus tard même par des agents qu'ils salarient dans toutes les préfectures, ils mettent l'Imprimerie départementale, alors réduite encore à ses presses à bras et trop limitée dans ses tirages, dans l'impossibilité de lutter contre eux [1].

Pour comble de désastre, l'Imprimerie impériale, qui s'était contentée jusque-là d'exécuter les formules-types des imprimés destinés à la province, se met elle-même à faire des tirages pour la plupart des administrations.

Une autre cause de concentration du travail à Paris ne tarde pas à se manifester. Les communications deviennent de plus en plus rapides et faciles : les messageries d'abord, les premiers chemins de fer ensuite, commencent à provoquer ces habitudes de déplacement qui ont fini par entrer si complétement dans nos mœurs. Il y avait, et il y a encore en province des hommes distingués qui écrivent ; le personnel des facultés et de la magistrature, notamment, renferme toujours quelques individualités connues, qui publient de temps à autre le fruit de leurs travaux. Or ces auteurs, qui jadis faisaient imprimer leurs œuvres sous leurs yeux, mis en contact plus fréquent avec les libraires parisiens, ont trouvé tout avantage à se faire éditer

[1] Nous nous contentons de constater le fait, car nous ne voulons pas sortir de notre sujet ; la question a d'ailleurs été posée récemment, dans une réunion d'imprimeurs à Paris, par une voix plus autorisée que la nôtre. Qu'il nous soit permis de dire cependant que nous avons la certitude que la lutte serait aujourd'hui possible pour l'Imprimerie départementale (elle s'est déjà établie sur certains points), si les habitudes prises, une tradition bureaucratique aujourd'hui invétérée, ne s'opposaient pas à ce qu'elle s'engage sur toute la ligne ; si surtout l'autorité supérieure daignait examiner de près cette question des impressions administratives, accaparées (c'est le mot, car le principe de la libre concurrence est ici hors de cause) par deux ou trois grandes maisons et par l'Imprimerie impériale, sans profit pour l'État. L'Imprimerie de province, qui s'est trop émue de la suppression du brevet et pas assez de cet état de choses, ne retrouvera quelque vitalité que lorsqu'il aura cessé.

par ceux-ci, qui naturellement se sont adressés à leurs imprimeurs habituels[1]. A de très-rares exceptions près, on peut dire qu'on n'imprime plus en province que les livres qui ne se vendent pas, et qui s'exécutent conséquemment dans les conditions les moins lucratives, à raison de l'insignifiance des tirages [2].

Mais ce n'est pas tout: une nouvelle invention, qui jusqu'alors n'avait guère pu s'acclimater en France, y prend soudain une extension énorme et concourt à aggraver encore une position déjà si compromise. Des lithographies se fondent de toute part, enlevant à l'Imprimerie typographique tous les travaux industriels et commerciaux. L'engouement du public pour ce nouveau mode d'impression, engouement justifié du reste par le talent des premiers lithographes, est tellement général, que la Typographie, malgré la supériorité économique de ses procédés, n'essaye même pas d'engager la lutte: elle abandonne complétement toute une catégorie de travaux qui n'avait pas alors, il est vrai, l'importance qu'elle a acquise depuis, mais enfin qu'elle faisait et qu'elle ne fait plus, et qui, dès 1855, défrayait en France 3,525 presses lithographiques, occupées dans 1,555 établissements [3], dont pas un n'existait il y a cinquante ans.

En résumé, la période de 1830 à 1848, tout en élargissant dans des proportions énormes le champ de la consommation, a placé l'Imprimerie française en général, mais surtout l'Imprimerie départementale, dans une situation des plus difficiles, par quatre causes différentes: 1° l'augmentation exagérée du nombre des établissements; 2° le décu-

[1] On nous objectera peut-être que les éditeurs parisiens font aujourd'hui beaucoup imprimer en province. Sans doute, il y a dans un rayon assez étendu autour de la capitale plusieurs établissements organisés en vue de la clientèle parisienne, mais cela ne modifie en rien la situation que nous exposons; cela ne fait pas que les livres s'impriment là où ils s'écrivent, répartissant ainsi un certain courant de travail sur tous les points du pays. Peu importe aux imprimeurs de Toulouse ou de Montpellier que les livres dont l'exécution leur aurait jadis été confiée se fassent à Corbeil ou à Lagny, au lieu de se faire à Paris même: l'absorption parisienne n'en a pas moins accompli son œuvre. Nous ne voulons pas exagérer l'importance du fait, encore moins l'incriminer (nous respectons par-dessus tout la liberté des transactions); mais enfin il existe, et nous devons le constater.

[2] Voici un fait tristement significatif que nous avons relevé dans l'intéressant ouvrage de M. Werdet, l'*Histoire du Livre*: d'après les statistiques officielles de 1854, sur 1007 imprimeries existant alors en France, 362 n'avaient produit aucun labeur de librairie!

[3] Rapport sur l'Exposition universelle de 1855, cité dans l'article *Gravures et Estampes* du *Dictionnaire du commerce et de la navigation*. (Paris, Guillaumin, 1859-61.)

plement de la puissance productrice ; 3° la concentration à Paris de presque tous les travaux à longs tirages ; 4° la concurrence d'une industrie nouvelle, arrivée rapidement à son plus haut point de développement et souffrant déjà depuis longtemps, elle-même, de l'excessive extension qu'elle a prise.

Et un fait qu'il ne faut pas perdre de vue, c'est que l'Imprimerie parisienne n'a pas généralement profité du tort qu'elle a fait à la province ; ses plaintes sont unanimes, et nous trouvons dans l'*Essai sur la Typographie* de M. A.-F. Didot, si plein de faits intéressants, la mention d'un document qui donne en quelque sorte le bilan de la situation de cette belle industrie dans la capitale, sous le gouvernement de Juillet. C'est une pétition adressée par la Chambre des imprimeurs, en janvier 1847, au Ministre de l'intérieur, et dans laquelle on lit ce qui suit :

« De 1810 à 1830, *une seule* faillite d'imprimeur; de 1830 à la fin de »1843, *quarante-sept* faillites, avec un passif de sept millions, figurent »au greffe du tribunal de commerce ; *un nombre au moins égal* d'autres »établissements d'imprimerie ont liquidé sans l'intervention de la »justice consulaire, et d'une façon plus ou moins honorable, plus ou »moins funeste à leurs intérêts et à ceux de leurs créanciers. »

Cela n'a rien d'étonnant : c'est la conséquence forcée de la loi naturelle de l'offre et de la demande, le résultat inévitable de ce fait que, si la consommation s'est accrue dans la proportion de 1 à 3, par exemple, l'accroissement des moyens de production a atteint celle de 1 à 5. Les imprimeurs parisiens, qui font surtout des livres, sont complétement à la merci des éditeurs — qui font, eux, de grandes fortunes — et les seuls qui soient en pleine prospérité sont, à de rares exceptions près, ceux qui ont fait pour leur compte des spéculations heureuses en librairie, ou qui ont organisé la vente directe à la clientèle administrative de ces myriades de formules nécessaires à notre centralisation bureaucratique.

Telle était la situation lorsque éclata la révolution de Février. La question de la suppression du brevet se posait pour ainsi dire d'elle-même ; les imprimeurs, aussi alarmés alors qu'en 1867, se préoccupèrent dès les premiers jours d'une éventualité qu'ils redoutent par-dessus tout. Le 20 novembre 1848, un congrès fut réuni à Tours, comme cette année, pour aviser aux mesures à prendre ; mais le courant politique était dès lors changé et les appréhensions tombées. Deux propositions dans le sens de la liberté de l'Imprimerie, faites aux Assemblées nationales en 1848 et 1850, n'avaient pas eu de suite ; la dernière avait été ajournée comme inopportune. Le brevet était donc resté. Pendant quelque temps, il y eut un arrêt dans l'accroissement du nombre des imprimeries; mais, depuis quelques années, le Gouvernement actuel, préludant ainsi à la réforme radicale qui soulève tant de tempêtes, se montre d'un libéralisme extrême dans la dispensation des priviléges d'imprimeur: depuis 1864, il n'y a pas eu moins de trente créations nouvelles.

Ici encore, il faut mettre en deuxième ligne la question de quantité; voici une nouvelle et importante modification dans l'outillage qui se produit, et qui vient porter au comble cette exubérance de force productrice qui écrasait déjà la Typographie.

Jusqu'alors, les presses mécaniques étaient des engins très-coûteux, difficiles à conduire, exigeant un emplacement considérable, avantageux seulement pour les longs tirages: ils étaient, en un mot, abordables seulement pour les maisons de premier ordre, et très-rares en province, où ils n'étaient guère employés que pour quelques journaux.

Mais voici que l'invention des machines en blanc[1] vient changer la face des choses: pour un prix double d'une Stanhope, on peut se procurer une petite mécanique d'une simplicité extrême, ne demandant guère que le personnel et la place d'une presse à bras, faisant aussi économiquement qu'elle les plus faibles tirages et présentant un avantage énorme pour ceux d'une certaine importance. La pauvre province va pouvoir lutter contre la concurrence écrasante des Parisiens, et remédier à la disette de bras qui commence à se faire sentir d'une manière alarmante, car les ouvriers pressiers disparaissent et l'on ne peut en former de nouveaux. Une fois l'impulsion donnée, l'élan se généralise avec un entrain prodigieux : les constructeurs ne suffisent pas aux demandes; les maisons les plus modestes, des imprimeries perdues dans des bourgades de quelques milliers d'âmes, veulent avoir leur mécanique. Et elles ont raison, car toute lutte devient impossible pour celles qui restent en arrière.

Un des plus renommés constructeurs mécaniciens de Paris, M. Marinoni, vient de publier (mars 1867) une liste des acquéreurs de ses machines depuis quinze ans; nous y avons relevé les quantités qu'il a livrées à des imprimeurs français. Sait-on à combien elles s'élèvent? A *sept cents!* Oui, 700 mécaniques ont été fournies par une seule maison, pendant ces quinze dernières années, à un personnel de 1073 imprimeurs[2].

[1] On nomme ainsi les mécaniques qui n'impriment la feuille que d'un seul côté, et qui nécessitent conséquemment un second tirage pour l'impression du verso. Les machines *à retiration*, au contraire, n'abandonnent la feuille qu'après l'avoir imprimée des deux côtés. Nous croyons devoir donner ces indications pour les personnes étrangères à la Typographie.

[2] Journal *l'Imprimerie*, mars 1867.

Que l'on considère que, avant cette période de quinze ans, Paris et quelques grandes maisons de province étaient déjà pourvus de machines, et de machines à retiration; que, d'un autre côté, M. Marinoni n'est pas le seul constructeur de mécaniques typographiques, qu'il a cinq ou six concurrents qui sont tous des industriels notables; qu'enfin le traité de commerce a amené l'introduction en France d'un certain nombre de machines étrangères [1], et que l'on se figure ce que peut être cet immense arsenal typographique, si on le compare surtout à ce qu'il était il y a quarante ans, alors qu'on était en province une forte maison avec trois ou quatre presses de bois constamment roulantes. Que'on se figure dans quelles proportions immenses aurait dû grandir la consommation, pour se trouver en équilibre normal avec un aussi prodigieux accroissement des moyens de production.

Si une statistique comparative exacte était possible, elle suffirait certainement pour juger le procès. Nous allons essayer cependant d'en établir une sur le point que l'on considère comme le plus important de tous, la fabrication des livres. Sous le titre de *Notions statistiques sur la Librairie, pour servir à la discussion des lois sur la presse* (Paris, F. Didot), le comte Daru a publié, en 1827, un mémoire qui donne les renseignements les plus circonstanciés sur la situation de l'Imprimerie en 1825; nous les mettrons en regard de ceux que nous possédons sur l'époque actuelle, et de cette comparaison résultera toujours un aperçu instructif.

Commençons par la production :

Il y avait en France, en 1825, 665 imprimeurs typographes, dont 80 à Paris et 585 dans les départements. Il y en a aujourd'hui 1,073, dont 89 dans le département de la Seine, et 984 dans le reste de l'Empire.

Le nombre des imprimeurs lithographes n'était, en 1825, que de 57, dont 30 à Paris; comme nous l'avons dit plus haut, il était, en 1855, de 1,555, dont 367 à Paris (en 1860 [2].)

Il n'y avait en France, en 1825, que 1,550 presses typographiques,

[1] Non pas toutefois sans réciprocité. La liste dont nous parlons arrive au total de 1,500 machines : c'est donc 800 d'entre elles que M. Marinoni a vendues à l'étranger dans cette même période de quinze ans. C'est un chiffre assez respectable, et qui prouve une fois de plus combien nos mécaniciens avaient peu à redouter les effets de la liberté commerciale.

[2] *Imprimerie*, novembre 1861, Statistique de l'Imprimerie parisienne. *L'Annuaire de la Librairie*, pour 1867, porte aujourd'hui à 390 le nombre des lithographes parisiens.

dont 850 à Paris (y compris celles de l'Imprimerie royale, au nombre d'environ 80), et à peu près 700 dans les départements. En 1860, il y avait à Paris 339 presses mécaniques et 417 presses à bras; de plus, 57 machines à vapeur, d'une force totale de 323 chevaux[1]. Quant à la province, les chiffres exacts nous manquent; mais la liste de M. Marinoni nous fournit un élément d'évaluation qui nous permet de porter, sans être taxé d'exagération, à 1,200 le nombre des mécaniques fonctionnant en province[2]. Comme, de plus, chaque imprimerie possède au moins une presse à bras, on peut en évaluer la quantité à un millier, au minimum, pour les 984 imprimeries de province. Le matériel d'impression s'élèverait donc aujourd'hui en total, d'après ces données, à 1,539 presses mécaniques et à 1,417 presses à bras, tandis qu'il n'était, en 1825, que de 1,550 presses manuelles, et qu'il n'y avait en France qu'une seule mécanique, celle du *Magasin pittoresque*.

Pour avoir une idée bien nette de cet écart, il convient de réduire en quelque sorte à un dénominateur commun des instruments d'une puissance aussi inégale que les mécaniques et les presses manuelles: pour cela, nous prendrons le maximum de production de chacun de ces engins pendant une journée de dix heures. Pour les presses à bras, ce maximum est de 2,000 de tirage, soit 1,000 feuilles imprimées recto et verso. Quant aux mécaniques, on peut les diviser en trois catégories: les presses en blanc, donnant un maximum de 1,000 à l'heure, la feuille imprimée d'un seul côté; les presses à retiration, donnant en moyenne le même nombre, mais avec impression des deux côtés; enfin les ma-

[1] *Imprimerie*, loc. cit.

[2] Voici les raisons qui nous ont déterminé à fixer ce chiffre à 1,200: Sur les 701 machines fournies par M. Marinoni à des imprimeries françaises, 122 ont été livrées à des imprimeurs parisiens, ce qui réduit à 579 le nombre de celles qui reviennent à la province. Il convient même d'abaisser ce nombre à 500, à raison du moteur inventé par M. Marinoni, il y a trois ans, moteur déjà répandu dans un assez grand nombre d'imprimeries (mais non pas seulement dans les imprimeries), et qui paraît être compris dans le relevé de ce constructeur. D'un autre côté, l'*Imprimerie* du mois d'avril 1866 donne un état des presses construites à Paris en 1865: cet état, rectifié dans le numéro suivant en ce qui concerne M. Voirin, et qui ne donne pas le chiffre des machines sorties des ateliers de M. Dutartre, un de nos plus habiles mécaniciens, mentionne 280 machines typographiques, dont 132 construites par M. Marinoni et 148 par ses concurrents. En prenant cette proportion pour base, les constructeurs autres que M. Marinoni auraient fourni à la province, dans ces quinze dernières années, 560 machines contre 500 sorties de ses ateliers (132: 500: : 148: 560). L'écart de 140 qui existe pour arriver à 1,200 représente les mécaniques installées avant 1852 et celles qui ont été importées de l'étranger (la maison Kœnig et Bauer, de Wurtzbourg, a placé à elle seule, dans les départements français, 21 de ses machines). Qu'on songe, d'ailleurs, que, sur près de 1,000 imprimeries qui existent en province, il en est aujourd'hui très-peu qui n'aient pas au moins une mécanique et que beaucoup en ont plusieurs, et l'on sera convaincu que, si notre évaluation est fautive, ce doit être plutôt par insuffisance que par excès.

chines à réaction, employées surtout pour les feuilles quotidiennes, et fournissant de 4 à 6,000 journaux à l'heure, selon qu'elles sont à 2 ou 4 cylindres. On doit tenir compte aussi que bon nombre de presses en blanc ont le format double carré, double raisin et même double jésus, ce qui permet de tirer ces papiers dans des conditions aussi avantageuses que sur les presses à retiration.

Ces dernières sont à peu près exclusivement employées dans les imprimeries à *labeurs*[1]; nous les prendrons comme types de la production parisienne, tandis que nous prendrons, au contraire, la machine en blanc comme type de la production départementale. Nous ferons ensuite l'évaluation la plus modérée possible de la plus-value donnée par les presses à double format et les mécaniques à réaction.

D'après ces bases, nous établirons comme suit le maximum de production que pourrait atteindre aujourd'hui la Typographie française en une journée de travail[2]:

PARIS

	Feuilles.
339 presses à retiration, à 10,000 feuilles chacune..........	3,390,000
Plus-value donnée par les presses à réaction[3]............	550,000
417 presses à bras, à 1,000 feuilles chacune...............	417,000
Total pour Paris..........................	4,357,000

DÉPARTEMENTS

1,200 presses en blanc, à 5,000 feuilles chacune............	6,000,000
Plus-value donnée par les presses à réaction (journée de 10 presses)......................................	400,000
Plus-value donnée par les presses à double format, 5 % sur 6,000,000..	300,000
1,000 presses à bras, à 1,000 feuilles chacune..............	1,000,000
Total pour les départements................	7,700,000

[1] On donne ce nom aux travaux affectant plus ou moins la forme du livre, par opposition aux *ouvrages de ville*, qui comprennent la généralité des travaux administratifs et commerciaux.

[2] Il va sans dire que nous ne tenons aucun compte, ni pour les machines, ni pour les presses à bras, des pertes de temps de toute nature, ni surtout des mises en train; il serait impossible d'évaluer sérieusement un élément aussi variable. Nous avons préféré exagérer des deux côtés le chiffre de la production possible, cette exagération portant sur une quantité identique dans les deux cas et n'altérant en rien le rapport que nous tenons à établir.

[3] Ce chiffre représente le tirage total des journaux politiques quotidiens existant à Paris en 1866, tel qu'il résulte des documents officieux produits au Corps législatif le 1er mars de l'année dernière (*V.* Hatin, *Bibliog. de la presse périodique française*, Introd. hist., p. XCIII), augmenté de 200,000 pour le tirage du *Petit Journal* (le chiffre actuel est 242,000). Les presses à réaction figurent déjà parmi les 339 machines de la ligne précédente; mais l'impression d'un certain nombre de labeurs et des

RÉCAPITULATION

Paris..........................	**4,357,000**
Départements..................	**7,700,000**
Total général...........	**12,057,000**

Les 1,550 presses à bras de 1825 n'auraient pu donner qu'un maximum de **1,550,000** feuilles; la puissance productrice atteindrait donc en bloc, aujourd'hui, près de *huit fois* celle de cette époque (12,057,000 : 1,550,000 = 7. 67). Si nous établissons la proportionnalité séparément pour Paris et la province, nous trouvons qu'elle est à peu près de 1 à 5 dans le premier cas (4,357,000 : 850,000 = 5,12), tandis que dans le second elle arrive au rapport écrasant de 1 à 11 (7,700,000 : 700,000 = 11).

Et nous ne tenons aucun compte de la Lithographie !

Examinons maintenant la consommation, au moins en ce qui concerne les labeurs, qui sont malheureusement la seule catégorie d'imprimés qui puisse fournir matière à une appréciation un peu certaine. Le tableau ci-dessous donne, d'un côté, le résumé de la statistique des ouvrages imprimés pendant les quatorze années comprises entre 1812 et 1826, telle que nous l'avons relevée sur le mémoire du comte Daru; de l'autre, celle de la même production de 1853 à 1867.

De 1812 à 1826			De 1853 à 1867		
En 1812.........	4,648	ouvrages.	En 1853.........	8,060	ouvrages.
1813.........	4,017	—	1854.........	8,336	—
1814.........	2,683	—	1855.........	8,235	—
1815.........	3,500	—	1856.........	13,027	—
1816.........	3,852	—	1857.........	12,019	—
1817.........	4,341	—	1858.........	13,331	—
1818.........	4,911	—	1859.........	11,679	—
1819.........	4,568	—	1860.........	11,862	—
1820.........	4,881	—	1861.........	12,236	—
1821.........	5,499	—	1862.........	11,753	—
1822.........	5,864	—	1863.........	12,108	—
1823.........	5,893	—	1864.........	12,065	—
1824.........	6,974	—	1865.........	11,723	—
1825.........	7,542	—	1866	13,883	—

autres feuilles non politiques faite sur machines à réaction compense largement, en ce temps de journaux à 5 centimes, le double emploi résultant de notre calcul, et même le déficit provenant de toutes les presses en blanc que peut posséder la capitale. N'oublions pas, d'ailleurs, que le chiffre de 339 mécaniques remonte à 1860, et même 1859, et qu'il a certainement augmenté depuis.

Ainsi, tandis que la puissance productrice, de 1825 à 1867, a QUINTUPLÉ à Paris et plus que DÉCUPLÉ dans les départements, l'aliment le plus important de l'Imprimerie N'A PAS DOUBLÉ !

Qu'on ne dise pas que, le chiffre des tirages étant aujourd'hui beaucoup plus considérable, notre argument est sans valeur : cela est vrai dans certains cas pour Paris et pour une douzaine de grandes maisons de province, mais cela est complétement inexact pour tout le reste; nous serions plutôt porté à croire que, pour la grande masse des labeurs départementaux, les tirages sont plus faibles que jamais[1]. Nous en avons donné plus haut la raison.

Assurément, tout en nous appesantissant sur un fait aussi considérable, nous ne voulons pas en exagérer la portée : il est certain que, si rien n'était venu combler un écart aussi énorme, les trois quarts des imprimeurs de province, en dépit du brevet, auraient été forcés de fermer leurs ateliers ou seraient morts de faim. Nous reconnaissons, au contraire, que, sur quelques points, une amélioration sensible s'est produite dans la situation de l'Imprimerie départementale; la télégraphie électrique, en permettant de devancer les journaux de Paris pour la propagation des nouvelles, a donné une importance réelle aux feuilles de province, dont quelques-unes ont conquis une position forte et brillante; les chemins de fer — entreprises privées cependant, et peu soucieuses de gaspiller leurs deniers — n'ont trouvé aucun désavantage à confier aux presses départementales l'exécution de leurs nombreux modèles, qu'ils ont libéralement répartis sur un grand nombre de points de leur réseau; enfin quelques hommes d'initiative, tentant hardiment des spéculations en dehors des voies battues, ou utilisant certaines conditions exceptionnellement favorables, ont réussi à fonder ou à développer quelques établissements en pleine voie d'activité et même de prospérité, notamment à lutter avec avantage contre l'absorption parisienne pour la partie des travaux administratifs payée directement par les chefs de service, et pour lesquels conséquemment la concurrence est souvent possible.

Mais ces exceptions sont restées bien circonscrites et doivent forcément demeurer longtemps à l'état d'exceptions; elles ont même, dans

[1] M. de Fontaine de Resbecq (*Dict. du commerce,* article *Librairie*) fait observer, d'après l'indication d'un libraire distingué de Paris, M. Reinwald, que, dans les relevés annuels des publications figure une forte proportion de feuilles volantes, de brochures sans aucune importance commerciale, mais dont le dépôt est exigé, et qui figurent conséquemment dans la *Bibliographie de France.* Ainsi, sur les 13,331 publications de 1858, il n'y a eu réellement que 3,700 ouvrages, et, sur les 11,679 de 1859, il n'y en a eu que 3,776. Quelle n'est pas la part de la province dans ces labeurs lilliputiens, qui font parfois un quart de feuille tiré à 50 exemplaires ?

certains cas, aggravé encore la position de la masse, retombée plus que jamais dans l'état de langueur et d'impuissance attaché fatalement en France, la patrie par excellence de la pensée, à l'industrie qui donne à la pensée un corps saisissable et comme la vie de relation.

Voilà les faits, et, si l'on peut nous chicaner sur quelques points de détail, nous ne croyons pas que personne puisse les contester dans leur ensemble. Ils prouvent surabondamment que, tout au moins, le régime actuel n'est pas une garantie contre la concurrence, qu'il ne protége pas et ne peut pas protéger l'Imprimerie; nous voulons prouver davantage : nous voulons prouver que la liberté et le droit commun eussent produit de tout autres résultats, et que, s'ils n'eussent pas préservé notre industrie de quelques malaises momentanés qui sont dans l'essence de toutes les choses humaines, de quelques crises passagères qui sont comme le prix du progrès, ils n'eussent pas abouti du moins à cet état permanent de torpeur morbide dans lequel elle végète depuis quarante ans.

Mais il nous reste auparavant à exposer quelques considérations d'un autre ordre, conséquence naturelle des premières, et qui ont eu leur large part d'influence dans l'état de choses actuel.

Un de ses résultats les plus désastreux et les plus généraux a été de faire déserter la profession par les hommes les plus aptes à lui donner un peu de vie et de relief. Autrefois les imprimeries se transmettaient dans une même famille pendant une longue suite de générations. L'imprimeur, homme instruit et considéré, aisé sinon riche, amoureux et fier de son art, élevait son fils en vue de se former un successeur : concurremment avec des études classiques sévèrement surveillées, il lui faisait faire sous ses yeux un méticuleux apprentissage technique, et laissait ainsi après lui un chef de maison rompu à toutes les difficultés d'une profession qui demande des aptitudes si diverses pour être convenablement exercée. Aujourd'hui, la pensée constante de l'imprimeur qui tient quelque aisance de ses pères est d'écarter son fils de la carrière ingrate que sa mauvaise étoile l'a forcé de suivre ; à de rares exceptions près, la tradition professionnelle n'existe plus que pour ceux auxquels des nécessités de position ne permettent pas d'y échapper.

Aussi le personnel de la Typographie est-il rempli aujourd'hui d'hommes très-honorables sans doute, et auxquels l'intelligence ne fait pas plus faute qu'à leurs prédécesseurs, mais qui enfin sont entrés dans l'Imprimerie dans l'âge viril, souvent par suite de déceptions essuyées dans les carrières libérales, et qui y apportent fréquemment ce dédain inexplicable du travail manuel qui est le préjugé dominant de la bourgeoisie. Ils passent ainsi leur vie à la tête d'établissements souvent importants sans en avoir jamais sérieusement étudié la partie technique, abandonnée à un prote dont ils sont dans l'impossibilité de contrôler la gestion. On pourrait diviser le personnel des maîtres imprimeurs en deux catégories principales : ceux qui ne connaissent pas la Typographie et ceux qui, la connaissant trop, auraient bien voulu s'en aller.

Qu'on ne cherche pas ailleurs les causes de la décadence inniable dans laquelle est tombé généralement en province l'art typographique : elle est là tout entière. On ne fait bien que lorsqu'on aime son métier, et l'on n'aime pas un métier qu'on ne connaît pas ou dans lequel on n'a trouvé que des déboires.

Qu'on ne cherche pas ailleurs la cause de cette apathie routinière, de ce manque d'initiative et d'esprit d'entreprise, qui caractérise plus que toute autre une industrie qui en comporte tant : l'élan doit forcément faire défaut à ceux qui n'ont pas la foi ou qui ne connaissent pas à fond le terrain sur lequel ils s'engagent, qui ne se doutent même pas de ses richesses cachées.

Ne faut-il pas voir là aussi une des causes de l'avilissement des prix ? Comment peuvent-ils être établis d'une manière rationnelle par des hommes ne pouvant apprécier rigoureusement les éléments si multiples, si insaisissables souvent pour tout autre qu'un praticien, qui constituent les frais afférents à la plupart des travaux autres que les labeurs ?

Oui, l'Imprimerie manque de chefs, et, il faut le dire aussi, de soldats, car ce sont les premiers qui font les seconds. Que la Typographie ouvrière, que nous aimons pour avoir vécu dans ses rangs, nous permette de lui dire que le dégoût qui s'est emparé d'elle n'a pas, lui, de raison d'être. On prétend que l'Imprimerie est pour l'ouvrier une carrière sans avenir ; sans doute, pour ceux qui s'endorment sur cette idée, qui ne travaillent que par contrainte et ne font aucun effort pour s'arracher à leur condition présente ; mais la composition du personnel actuel des patrons, l'accroissement du nombre des grandes maisons, suite nécessaire de l'intervention des machines et qu'étendra encore la liberté, ne créent-ils pas en bien autre proportion que par le passé des positions stables et lucratives, auxquelles peut prétendre tout ouvrier intelligent, laborieux et rangé ? Les bons lieutenants ne manquent-ils pas partout, et n'est-ce pas là le degré intermédiaire par lequel doit passer tout homme sans fortune pour arriver au patronat ? La société coopérative elle-même, qui apparaît à tant de travailleurs comme le but suprême à poursuivre, est-elle possible entre hommes désaffectionnés d'un métier qu'ils n'exercent plus que d'une manière machinale, déshabitués de tout effort et trop souvent, hélas! de tout empire sur eux-mêmes? Amis, réveillez-vous! Voici l'heure de la liberté qui sonne, et c'est à vous surtout qu'elle profitera, si vous savez le vouloir.

Mais ne nous laissons pas écarter de notre sujet. Le manque d'hommes, conséquence inévitable d'une organisation contre nature, entraîne à sa suite le manque de capitaux : les deux faits s'enchaînent. Et cette pénurie est aggravée encore par le défaut de sécurité que crée la loi par la suppression discrétionnaire du brevet, pénalité aussi désastreuse dans ses effets immédiats, et cent fois plus funeste dans ses conséquences éloignées, que la confiscation moscovite. C'est là dans les Codes français, si purs d'arbitraire et si respectueux du droit, une tache qu'on ne saurait trop féliciter le Gouvernement de faire disparaître. Qu'on ne vienne pas dire que cette disposition est purement comminatoire, qu'à part les époques de tourmente politique, où chaque parti se bat avec toutes les armes qu'il trouve sous sa main, elle ne s'applique pas une fois tous les vingt ans : elle existe, cela suffit pour effrayer les capitaux, qui ne pèchent pas, en province surtout, par excès d'audace. Qui peut, d'ailleurs, blâmer ici leur timidité? Qu'est-ce qu'un gage qu'un coup de vent peut ainsi emporter? Qu'est-ce qu'une industrie vivant la tête ainsi placée sous un couteau de guillotine?

En résumé :

Exagération de la concurrence et surabondance de la puissance productrice,

Manque d'hommes,

Manque d'argent:

Voilà le bilan du régime actuel.

II

L'IMPRIMERIE LIBRE

Nous voici arrivé au cœur même de la question. Les faits que nous avons exposés n'auront guère rencontré de contradicteurs ; mais les imprimeurs en auront certainement tiré des conclusions diamétralement opposées aux nôtres. Comment ! la réglementation et le privilége ne nous ont pas préservés d'un état de choses aussi désastreux, et vous voulez qu'il s'améliore par la destruction des barrières qui nous protégent encore contre une plus grande extension du mal ! La concurrence s'est exagérée quand la fondation d'une imprimerie n'était possible que sous certaines conditions, et vous voulez qu'elle s'amoindrisse lorsque le premier venu pourra entrer en ligne, sous sa seule responsabilité !..... Oui, c'est notre conviction profonde, et nous allons prouver que la logique des faits conduit invinciblement à cette conséquence.

Mais, d'abord, posons la question de droit. Pourquoi l'État donnerait-il aux imprimeurs un soi-disant privilége qu'il refuse aux autres industriels ? La liberté du travail est-elle, oui ou non, un droit naturel et absolu ? N'est elle pas la base même de notre société, et l'Assemblée constituante ne l'a-t-elle pas solennellement proclamée dans cette immortelle nuit du 4 août, qui a enfanté le droit public moderne ? Pourquoi cette mise hors la loi commune d'une industrie quelconque ? Et, si vous voulez maintenir cette anomalie, pourquoi ne pas aller jusqu'au bout; ne pas demander le rétablissement, pour l'Imprimerie, de ces bonnes vieilles corporations qui étouffaient tout progrès et faisaient jeter aux galères, comme un malfaiteur infâme, le malheureux ouvrier qui, sans avoir acheté une maîtrise, se servait pour son compte des bras et de l'intelligence qu'il tenait de Dieu ?

On pose de telles questions pour les faire toucher du doigt ; on ne les discute pas, car ce serait faire insulte au caractère et à la raison d'hommes sérieux et honorables. Nous ne saurions trop le répéter : le brevet n'a été et n'a pu être qu'une garantie sociale et politique, et, du moment qu'un Gouvernement, plus éclairé que ses prédécesseurs sur les véritables conditions de force et de stabilité qui lui sont nécessaires, juge cette garantie inutile et l'abandonne, il n'y a pas, au point de vue du droit, une seule raison plausible à faire valoir pour son maintien. Et cela est si vrai, que les deux congrès d'imprimeurs qui viennent de se tenir à Tours et à Paris n'ont pas osé publier le fond de la pensée commune et réclamer contre la suppression du privilége ; cela est si vrai, qu'on n'a pas osé donner suite à l'idée de demander la substitution d'un cautionnement au brevet. Cette retenue fait, du reste, honneur aux membres de ces congrès ; elle prouve que l'alarme exagérée à laquelle ils sont en proie est la seule cause de l'acharnement qu'ils mettent à défendre une position dont, au fond de leur conscience, ils sentent bien toute l'injustice et la fausseté.

La question de droit dégagée, examinons celle de l'intérêt professionnel.

On nous accordera bien cette prémisse, que, au point de vue purement économique, l'Imprimerie est une profession comme les autres, qu'elle ne possède virtuellement aucun caractère spécial, aucune puissance particulière qui la soustraye aux lois naturelles résultant du libre jeu des forces industrielles ; que, en un mot, si elle eût été abandonnée à elle-même comme les autres industries, elle se serait probablement comportée comme celles-ci.

Or le résultat le plus certain de la liberté du travail n'a-t-il pas été de donner à l'industrie générale un élan et une puissance qu'on n'avait jamais connus dans le monde ; d'accroître dans une proportion inouïe le bien-être de tous et celui de chacun ; de distribuer et d'équilibrer surtout, avec une rigueur presque mathématique et par la seule force des choses, le nombre et l'importance des ateliers avec les besoins de la consommation ?

Qu'arrive-t-il, en effet, sous le régime de la liberté, dans une industrie qui donne, comme la nôtre dans ses beaux jours, une rémunération considérable aux entrepreneurs ? Les concurrents se multiplient, et les bénéfices baissent. Ils se multiplient quelquefois à tel point, que les profits deviennent insuffisants. Que se produit-il alors ? C'est que les entreprises les plus mal conçues et les plus mal dirigées, ou qui se trouvent placées dans les plus mauvaises conditions économiques, succombent et disparaissent. La position des survivants s'améliore d'autant, et, en fin de compte, le mouvement s'arrête juste au point où le bénéfice atteint une moyenne raisonnable, favorable à la fois au producteur et au consommateur.

Qu'arrive-t-il, sous le régime de la liberté, lorsqu'une machine ou une invention nouvelle vient donner à une fabrication le moyen de se multiplier dans une proportion importante? De deux choses l'une : ou, par suite de l'abaissement du prix de revient et, conséquemment, du prix de vente, la consommation s'élève à un degré tel, que le nombre des producteurs se maintient et s'augmente même quelquefois; ou bien, la consommation étant devancée par la production, une certaine quantité d'établissements finissent petit à petit par se fermer. Il y a crise, mais crise salutaire, amenant une recrudescence de vigueur et de santé.

Partout et toujours, lorsque la production arrive à excéder d'une manière permanente les besoins de la consommation, elle tend à rentrer dans des limites normales, rarement par secousses brusques, le plus souvent par l'extinction graduelle des maisons douées d'une vitalité insuffisante, de celles surtout qui ne savent pas se mettre au niveau du progrès industriel. C'est ainsi que des villes, des contrées tout entières, ont vu peu à peu disparaître de leur sein des industries jadis florissantes, et dont il ne reste parfois pas trace [1].

[1] Nous n'avons eu qu'à regarder autour de nous pour trouver des exemples de l'application de cette loi naturelle, à laquelle peu de contrées ont peut-être échappé.

La ville que nous habitons était jadis le centre d'une fabrication importante, celle des mouchoirs de couleur et des tissus de même nature. Sous la Restauration, cette industrie n'occupait pas moins de 6 à 7,000 ouvriers ; la ville et les environs comptaient de nombreux ateliers de tissage, de teinturerie et même deux filatures de coton. Les entrepreneurs étaient généralement des hommes actifs, intelligents, et c'est à l'un d'eux, M. Verdier, qu'on doit la création d'une étoffe aujourd'hui très-répandue, le coutil-soie, que les neuf dixièmes des Montpelliérains qui l'emploient pour leurs cravates ne soupçonnent même pas avoir été inventé chez eux. La concurrence de Rouen, de Sainte-Marie-aux-Mines et de Cholet, plus favorisés sous le rapport de l'économie de la main-d'œuvre, ne tarda pas à porter un coup funeste à cette industrie : s'obstina-t-elle à vivre? Pas le moins du monde. Petit à petit les métiers furent mis au rebut, les ouvriers s'adonnèrent à l'agriculture, où ils trouvèrent des salaires plus élevés, et les fabricants firent le commerce des articles qu'ils ne trouvaient plus avantage à produire eux-mêmes. Le dernier de ces établissements, celui de MM. Roux frères, à l'obligeance desquels nous devons ces détails, n'existe plus depuis 1843 ; et personne à Montpellier n'en est plus malheureux.

La restriction des profits, due à de mauvaises conditions économiques, avait fait ici son œuvre; nous allons la voir l'accomplir de nouveau, sous l'action d'un accroissement de puissance productrice. Ce sont nos Cévennes qui nous fournissent cet exemple.

Il y a moins de quarante ans, on n'y aurait pas trouvé un toit qui n'abritât un ou deux métiers à bas ; de 1815 à 1825, on les comptait par milliers, et la fabrication du bas de soie, très-demandé à cette époque, était notamment un objet de commerce de la plus haute importance. La bonneterie de coton reçut une profonde atteinte par la concurrence de Troyes, dont les métiers circulaires, donnant quatre ou cinq fois plus de travail, enlevèrent toute la fabrication courante et ne laissèrent aux ouvriers cévenols que les articles de choix, mieux faits sur leurs métiers horizontaux. La bonneterie de coton ne vit plus dans ces montagnes que par la spécialité de sa maille ; les *trois quarts* des métiers ont disparu ; le Vigan, qui a compté jusqu'à

C'est par ce régime sévère, par cette élimination rigoureuse de tous les éléments impuissants, que l'industrie est arrivée à ce prodigieux développement de vigueur et de prospérité qui en fait aujourd'hui la plus importante des forces sociales ; c'est en attirant ainsi vers elle les hommes et les capitaux, en provoquant toutes les activités, en faisant leur place à toutes les aptitudes, en maintenant constamment tendu l'énergique ressort de la responsabilité de chacun vis-à-vis de soi-même, que la grande armée du travail a victorieusement affronté quatre révolutions et les guerres de l'Empire, de nombreuses crises financières et alimentaires, les tâtonnements et les dangers d'une transformation presque complète des moyens de fabrication, par suite de l'intervention des machines. Elle a éprouvé sans doute des défaites partielles, mais elle a gagné toutes les batailles décisives.

N'y a-t-il pas tout un enseignement dans cette situation, et si l'Imprimerie, seule au milieu de la prospérité générale, est depuis quarante ans dans une voie de déclin toujours croissant, n'est-ce donc pas qu'il y a en elle un principe fatal, un vice radical et constitutionnel qui n'existe pas dans les autres industries ? Et ce vice, quel peut-il être, sinon le privilége, le privilége inique et absurde, qui ne donne une vie factice à quelques-uns qu'au prix de la prospérité de tous, et dont le moindre défaut n'est pas l'aveuglement inouï qu'il répand sur les yeux de ceux qui en souffrent le plus ?

Oui, là est la plaie, et en voici la cause : c'est qu'à l'encontre de ce qui se passe partout ailleurs, la loi naturelle d'équilibre entre l'offre et la demande n'existe pas pour l'Imprimerie ; c'est que, grâce au brevet, un établissement typographique une fois créé peut devenir bien malade, mais qu'il ne meurt pas ; il vit toujours et quand même, au besoin sans air et sans soleil, de la vie d'emprunt du parasite implanté sur un organisme affaibli.

La pauvre humanité est ainsi faite, que le moindre hochet fascine ses regards et lui fait perdre de vue ses intérêts les plus sérieux.

cinquante fabricants, n'en a plus aujourd'hui qu'un seul. Quant à la fabrication du bas de soie, elle n'est plus qu'un souvenir.

Et pourtant il s'agit ici d'une industrie placée dans les plus admirables conditions, ayant à sa disposition toute une population intelligente, laborieuse et sobre, se contentant des salaires les plus modestes, travaillant chez elle en famille et n'obligeant pas l'entrepreneur à ces vastes constructions qui immobilisent tant de capitaux. Toute la ténacité montagnarde n'a pu cependant résister aux effets de cette loi providentielle du progrès, que Dieu semble nous contraindre à suivre sous peine des plus douloureuses déceptions, même pour les hommes les plus dignes, sous tous les autres rapports, des biens qu'il nous a prodigués.

c'est ce qui arrive pour l'imprimeur : il attache au privilége qui lui lie les bras une importance telle, que le brevet reste, malgré tout, une VALEUR. Or on ne se résigne pas à détruire une valeur : on consume son activité et son intelligence dans une entreprise impossible, on passe sa vie à maudire la funeste carrière qu'on a embrassée, mais on ne la quitte pas. Allez dire au plus pauvre imprimeur de la plus misérable bourgade de France, si jeune et si déterminé qu'il soit, qu'il ferait bien mieux de vendre tant bien que mal son matériel, et de chercher dans une autre voie une fortune plus heureuse, il vous regardera comme un insensé : il a son brevet, qu'il ne peut abandonner sans folie ; quand on a des parchemins, on ne les jette pas comme cela dans la rue.

Ce prestige du brevet est tellement réel, que les établissements dont la clientèle est la plus nulle, le matériel le plus incroyable, finissent toujours par trouver des acquéreurs, lorsque, par suite de décès ou de faillite, on est réduit à les mettre en vente. De pareilles cessions, opérées sous le coup d'une nécessité plus ou moins immédiate, se font, il est vrai, à vil prix ; elles ne rapportent certainement pas, le plus souvent, ce qu'aurait produit la vente du matériel seul, faite avec un peu d'intelligence, en temps utile ; mais c'est là précisément ce qui fait qu'elles ont lieu. Il se rencontre toujours quelques malheureux qui trouvent que c'est là une occasion superbe de devenir quelque chose, et qui se gardent bien de la laisser échapper. Ce sont trop souvent, hélas ! de laborieux ouvriers, pressés par le légitime sentiment de l'indépendance, qui viennent engloutir là les épargnes de toute leur vie, qui s'usent à ce labeur de Sisyphe, baissant encore les prix parce qu'ils comptent sur leur travail personnel, et réussissant parfois ainsi, en effet, à ne pas absolument mourir de faim.

Mais nous avons déjà signalé un fait qui est toute une révélation à ce point de vue : c'est la pétition de la Chambre des imprimeurs de Paris constatant, de 1830 à 1843, *quarante-sept faillites* déclarées au greffe du tribunal de commerce de la Seine et un nombre *au moins égal* de liquidations amiables. Voilà, en nombre rond, *cent* sinistres commerciaux frappant, en treize ans, une industrie qui ne comptait alors que *quatre-vingt-sept* établissements ; et, comme bon nombre de ceux-ci sont de vieilles et honorables maisons qui ont pu tenir tête à la bourrasque, il s'ensuit que celles qui n'ont pu y résister ont dû changer de mains à diverses reprises, pour aboutir toujours à un désastre. Eh bien ! qu'on nous cite, dans l'industrie libre, un seul cas où un fait de ce genre se soit produit sans avoir amené une réduction importante dans le nombre des ateliers, et nous abandonnons le terrain !

Nous savons bien qu'il s'agit ici d'une période exceptionnelle, d'une double crise amenée par la Révolution de 1830 et l'adoption générale des machines; mais cela n'infirme en rien notre thèse, à savoir, que les établissements typographiques ont une vitalité anormale et funeste, qui résiste aux chocs les plus terribles, et aboutit à un encombrement désastreux pour la profession. Cela est si vrai, que, si la tempête a passé, si un accroissement important dans le chiffre des affaires s'est produit, l'Imprimerie parisienne ne s'est cependant jamais complétement relevée de cette secousse. Ce n'est pas impunément qu'une industrie quintuple et décuple tout d'un coup ses moyens de production : il faut, lorsque la consommation ne s'étend pas dans la même mesure, ou qu'un certain nombre de producteurs disparaissent, ou que tous souffrent de la pléthore qui résulte du nouvel état de choses.

Et si, malgré la limitation légale du nombre des imprimeurs, la Typographie est restée languissante à Paris, le seul centre intellectuel et le seul marché de librairie sérieux que possède la France, quelle peut être sa situation dans les provinces, où la consommation est forcément si restreinte, et où la propagation des machines a succédé à une augmentation considérable dans le nombre des établissements? Nous ne croyons pas exagérer en disant qu'aujourd'hui ce nombre devrait être réduit d'un tiers pour être en rapport avec les besoins du public; or, en décembre 1865, l'*Imprimerie* n'évaluait qu'à 30 le nombre des brevets inexploités; dans son numéro de mars 1867, elle le porte à 73, sur 1,073, probablement pour faciliter, par un nombre rond, un calcul auquel elle se livre. Mettons-en 100 : qu'est-ce que cela? Un verre d'eau retiré de la mer!

Et qu'on note bien que ce n'est pas la situation actuelle qui a motivé la disparition de toutes ces maisons. Il y en a, et ce sont les plus nombreuses peut-être, qui n'existent plus depuis longues années, par des causes exceptionnelles et tout à fait étrangères à l'état du marché. Nous connaissons un brevet qui avait été accordé il y a trente ans à un homme de lettres, pour établir un journal dans une ville commerciale importante : le titulaire, qui avait d'autres visées que de faire de la typographie, n'avait acheté que le matériel nécessaire pour l'impression de ce journal. L'entreprise n'ayant pas réussi, il vendit purement et simplement ce matériel, et, mettant son brevet aux vieux papiers, ne s'en occupa plus. Combien n'y a-t-il pas, parmi les priviléges passés à l'état de lettres mortes, de cas aussi étrangers que celui-là au mouvement des affaires?

Il est un fait, d'ailleurs, dont il est essentiel de tenir compte. L'industrie générale a le plus habituellement un certain débouché normal, qui ne se restreint que dans des circonstances exceptionnelles et de durée passagère, et qui, pris en masse, suit une progression constamment ascendante. L'Imprimerie fait en partie exception à cette règle, tout au moins à notre époque si tourmentée : toute secousse politique a sur elle son contre-coup, et elle subit d'une manière permanente les effets du régime gouvernemental, tantôt plus favorable, tantôt plus hostile à la liberté de la presse. D'un autre côté, elle ne peut pas même atténuer, par une fabrication anticipée, les effets des chômages; elle vit, en un mot, au jour le jour. Il semblerait donc rationnel qu'elle eût, en quelque sorte, une constitution plus élastique que les autres industries, qu'il y eût dans le nombre de ses ateliers une variabilité plus en rapport avec celle de la demande : c'est le contraire qui a lieu; le cercle des établissements typographiques est doué d'une puissance de dilatation indéfinie, mais il acquiert la rigidité du fer dès qu'il y aurait convenance à ce qu'il se resserrât.

Nous croyons l'avoir suffisamment démontré : la valeur tout idéale et toute factice attachée au brevet, voilà la cause essentielle du malaise permanent de l'industrie typographique. Il y en a d'autres, sans doute, mais elles sont toutes secondaires et viennent toujours aboutir, en fin de compte, à ce raisonnement : si telles et telles circonstances ont restreint la consommation, la production aurait dû se restreindre dans la même mesure, tandis que sa puissance s'est, au contraire, exagérée.

S'il en est ainsi, qu'a donc à redouter l'Imprimerie de la loi d'émancipation que la Représentation nationale est appelée à discuter? Hélas! sa position est si mauvaise, qu'elle ne saurait s'aggraver, et que, ne fût-ce qu'à titre de pis-aller, d'expérience empirique, elle devrait saluer avec joie le nouveau régime sous lequel elle est appelée à vivre. Qui peut prévoir, à l'époque où nous sommes, ce que le développement des libertés publiques dans un pays de suffrage universel, ce que la diffusion de l'instruction venant donner l'assiette et la consistance à ce grand mouvement démocratique jusqu'ici si tumultueux, ce que l'habitude de la lecture pénétrant par la liberté de la librairie jusqu'au fond de nos campagnes, peut donner d'élan, de vigueur et de prospérité, à cet art merveilleux qui est l'instrument de tout progrès?

Ne voyons-nous pas en Belgique, en Suisse, aux États-Unis, où notre industrie est libre, des imprimeurs dans les moindres petites villes, mais des imprimeurs aisés et soucieux de leur métier, travaillant bien et suffisamment, ayant tous leur petit journal, un petit journal qui est autre chose qu'un prétexte à annonces judiciaires, qui vit sans demander rien à personne, du seul produit de ses abonnements? On ne connaît pas ce phénomène-là dans nos sous-préfectures françaises[1]..... Ne voyons-nous pas l'Angleterre, où notre industrie est libre, consommer annuellement, pour une population moindre d'un tiers que la nôtre, 15 millions de quintaux de papier, tandis que la France n'en consomme que 5 millions[2]?

C'est que dans tous ces pays il y a la vie, c'est-à-dire la liberté. En serait-il donc autrement en France? En douter serait faire insulte à notre pays. Le jour où, débarrassée de ses lisières et du triple bandeau du privilége, l'Imprimerie saura qu'elle ne doit plus compter que sur elle-même; où, libre de ses mouvements, elle pourra se déplacer, se transformer à son gré, unir ou disjoindre ses forces, s'accroître ou se restreindre selon les fluctuations du marché; ce jour-là elle aura retrouvé l'activité qui s'éteint en elle, elle ramènera dans son sein les hommes et les capitaux qui lui manquent, elle verra naître des entreprises dont elle ne se doute même pas maintenant; elle finira, nous en avons la ferme conviction, par provoquer la consommation à un tel point, qu'il y aura en France une place honorable et lucrative pour un plus grand nombre d'établissements que celui qui y existe aujourd'hui.

[1] En 1862, d'après le *Journal de Genève*, la Suisse possédait 300 journaux, soit 1 pour 7,976 habitants; il n'y en avait alors en France que 1,343, soit 1 pour 26,643. Ce dernier nombre s'était élevé, au 1er janvier 1866, à 1,637: nous ne savons au juste quelle a été, depuis 1862, la progression du journalisme suisse; d'après l'*Imprimerie* (p. 125), le chiffre de 1834 serait 345.

Quant à la Belgique, elle possédait, dès 1858, 262 feuilles périodiques; les chiffres actuels nous manquent, mais voici un renseignement qui donnera une idée de la quantité de publications périodiques en tout genre qui paraissent à Bruxelles: dans une seule journée de novembre 1865, on a perçu à la poste, pour frais d'affranchissement, une somme ronde de 1,500 fr., dont on appréciera la valeur quand on saura que la plupart des journaux, les sept huitièmes environ, ne payent qu'un centime par exemplaire.

Le nombre des journaux anglais n'est pas proportionnellement plus considérable que celui des journaux français (1257 journaux pour 28 millions d'habitants), mais on sait que chacun d'eux en vaut en moyenne quatre des nôtres, et l'importance des tirages est beaucoup plus grande; elle atteint aujourd'hui, d'après l'*Imprimerie*, le chiffre annuel de 546 millions pour les journaux quotidiens, et de 7 millions pour les autres. Nous ne pensons pas que le tirage des journaux quotidiens français dépasse 350 millions, et le *Moniteur du soir* et le *Petit Journal*, à raison de 370,000 exemplaires par jour, entrent dans ce chiffre pour 133 millions, beaucoup plus que le tiers.

Aux États-Unis, il y a aujourd'hui plus de 4,000 journaux pour 30 millions d'habitants; c'est à peu près la même proportion que pour la Suisse.

(*V.* Eugène Hatin, *Bibliographie de la presse périodique française*, Introduction historique, *passim*. — Paris, Didot, 1866.)

[2] *Journal des fabricants de papier*, cité par l'*Imprimerie* de juillet 1864.

III

LA TRANSITION

Les considérations qui précèdent nous dispensent de nous étendre longuement sur la crise momentanée que va provoquer le nouveau régime appliqué à l'Imprimerie.

Nous l'avons dit dès le début : nous ne pensons pas qu'elle soit en rien aussi redoutable qu'on l'appréhende. Il serait vraiment puéril de croire qu'il va sortir de terre tout à coup des imprimeries par myriades ; le nouveau projet de loi a bien pu éveiller de nombreuses ambitions dans les rangs secondaires de la Typographie, mais il y a loin de la coupe aux lèvres : on réfléchira, on se heurtera aux difficultés de la réalisation, et, en fin de compte, bien des projets dont l'imagination seule avait fait les frais s'évanouiront ou s'ajourneront, tout au moins, lorsqu'il s'agira de les mettre à exécution. Ce sont plutôt des successeurs que des concurrents que les imprimeurs trouveront dans leurs collaborateurs actuels. Quant aux non-typographes, la liberté leur ferme désormais l'entrée de la profession : il en sera désormais de notre industrie comme de toutes les autres, il faudra la connaître pour pouvoir la pratiquer avec quelque chance de succès.

Qu'on y songe, d'ailleurs : il faut aujourd'hui des capitaux assez importants pour monter une imprimerie en état de travailler dans des conditions supportables. Aucun homme du métier ne nous contredira si nous affirmons qu'il n'y a aucun avenir pour toute maison qui n'aura pas au moins une presse mécanique ; tenter aujourd'hui la fortune avec les presses manuelles serait aussi raisonnable que d'essayer de faire concurrence à un chemin de fer avec les pataches du temps jadis. Or, à quelque bas prix que les machines soient tombées, la moindre d'entre elles vaut encore, à elle seule, le prix que l'on mettait autrefois dans un matériel complet de petite ville, et il comporte un outillage de composition autrement important. Même avec une petite mécanique, on luttera difficilement avec les maisons largement installées, munies de presses à retiration et de machines à vapeur.

Autrefois les grandes maisons n'avaient aucune supériorité économique sur les petites : on possédait dix, vingt, trente presses, mais le produit de chacune d'elles était le même que pour les établissements qui n'en avaient qu'une : ce n'était qu'une somme plus ou moins élevée d'unités de même nature. Un homme intelligent et laborieux pouvait débuter avec une presse, en acheter une seconde, puis trois, puis quatre, au fur et à mesure que les affaires se développaient : il n'en est pas de même aujourd'hui ; il faut engager dès le début, et d'un seul coup, une masse de capitaux d'autant plus considérable que les concurrences déjà établies sont plus puissamment outillées. Maintenant, si quelque pauvre diable va monter dans un coin d'une grande ville un matériel qui ne pourra faire que des lettres de faire part, il n'y a vraiment pas de quoi s'en inquiéter.

Dans tous les cas, si la thèse que nous soutenons est juste, si le nombre des imprimeries est déjà fortement exagéré pour le moment, il est incontestable que celles qui viendront l'augmenter se trouveront en face des difficultés les plus redoutables et que, à moins que les anciennes ne soient entre des mains tout à fait impuissantes, elles ne pourront pas se maintenir.

Lorsque, dans une ville importante, dans un bon chef-lieu de département, la préfecture et les administrations sont prises par une ou deux maisons; la cour, l'évêché, l'académie, par une ou deux autres, et qu'il y a encore, pour le service du public, trois ou quatre autres imprimeries toujours plus ou moins souffreteuses, et une douzaine de lithographies dont la moitié vit à peine, quelle chance de travail reste-t-il pour un intrus ? Il faudrait que ceux qui sont aujourd'hui maîtres des positions fussent bien maladroits pour les perdre. Et ce qui est vrai pour les grandes villes, qui offrent un certain courant normal de travail, l'est *à fortiori* pour les petites, dont les ressources sont bien plus limitées.

Cela ne veut pas dire, tant s'en faut, que les imprimeurs actuels n'aient qu'à se croiser les bras et à s'endormir dans une indifférente quiétude. Le premier effet de la liberté devra être, au contraire, de stimuler l'amour-propre professionnel, d'exciter le désir de bien faire ; car, si l'abaissement des prix, déjà si peu rémunérateurs, ne peut pas être un moyen sérieux de concurrence, il n'en est pas de même de la manière d'exécuter le travail. Il faut le dire, dans l'intérêt même de ceux auxquels s'applique une observation pénible à faire, nombre d'imprimeurs, surtout dans les petites villes, sont sur ce point d'une négligence inqualifiable ; ils ne comptent que sur le produit des annonces judiciaires, qui pourrait bien leur faire faute un jour, et ils éloignent, comme à plaisir, une clientèle qui ne les mettrait à la merci de personne, et qui s'accroîtrait certainement si elle était convenablement servie. Des centres même importants en sont à ce point, que ce n'est que sous le coup de la nécessité la plus absolue qu'on se résigne à s'adresser à l'Imprimerie locale. C'est là une plaie dont souffre la profession tout entière, car elle a pour effet d'empêcher l'habitude des imprimés de se répandre autant qu'elle le devrait, de refouler en quelque sorte la consommation, qu'on n'excite que par la modération des prix unie à des produits assez soigneusement exécutés pour séduire le public.

Dans ces cas, sans nul doute, il y aura place pour une concurrence intelligente et habile : comme dans toute lutte, les positions mal défendues seront enlevées, et souvent même exclusivement occupées par les nouveaux venus. Ce sera très-malheureux assurément pour ceux qui s'en seront laissé évincer ; mais il ne tient qu'à eux d'éviter ce désastre en prenant leur art au sérieux et en s'efforçant de le pratiquer convenablement.

Que les imprimeurs qui se trouvent dans cette situation aient pris l'alarme et jeté les hauts cris, nous le comprenons ; mais que des maisons bien posées, bien dirigées, satisfaisant une clientèle souvent ancienne et qui n'a aucune raison pour les quitter, aient fait chorus et soulevé ciel et terre pour maintenir un privilége injuste et dont elles n'ont pas besoin, c'est vraiment — qu'on nous pardonne le mot — trop de pusillanimité.

Nous savons bien — et ce n'est pas un des moindres défauts du régime actuel — que les imprimeries ne sont pas toujours normalement réparties d'après l'importance et les besoins des populations; que, si beaucoup de localités regorgent, il y a encore par-ci par-là quelques points qu paraissent présenter des places à prendre : mais on les compterait sans peine, et d'ailleurs, pour peu que les maisons qui y sont établies aient su tirer parti de la position, elles doivent être aujourd'hui sur un tel pied qu'il sera peut-être plus difficile de leur faire concurrence qu'aux autres. C'est le cas de Paris, notamment : que ne faudra-t-il pas d'entente des affaires, d'habileté professionnelle et de capitaux, pour entrer en lutte avec les usines typographiques de la capitale? Et, lorsqu'on songe qu'il s'agit d'une industrie en souffrance depuis près d'un demi-siècle, on se demande combien d'hommes de sens se décideront à s'engager dans une voie si périlleuse. Il pourra bien sans doute s'en trouver quelques-uns, car Paris est un marché hors ligne et présente tant de ressources négligées jusqu'ici par la Typographie, qu'il serait extraordinaire qu'il en fût autrement; mais on peut affirmer sans crainte qu'il n'y a de chances de succès que pour ceux qui exploiteront ces ressources, et que les maisons adonnées à la fabrication des livres, c'est-à-dire les plus nombreuses et les plus importantes, sont hors de toute atteinte.

Quoi qu'il en soit, il s'agit ici de cas exceptionnels qui ne peuvent faire règle, et la situation générale se résume pour nous dans les deux membres de ce dilemme :

Ou la consommation restera ce qu'elle est, et dans ce cas, loin de s'accroître, le nombre des imprimeries, une fois la première crise passée, se restreindra graduellement jusqu'au point où il ne sera plus en excès ;

Ou — ce qui est plus probable — la consommation, plus énergiquement stimulée, grandira dans des proportions plus ou moins fortes, et le nombre des imprimeries se proportionnera, graduellement aussi, à ses besoins.

Des deux côtés, amélioration inévitable de la position des imprimeurs. Quant à cet envahissement de la profession dont on nous menace, c'est une éventualité qui ne soutient pas un examen fait de sang-froid; eût-il lieu, d'ailleurs, qu'il n'aboutirait qu'à la ruine des fous qui l'auraient tenté, et que les maisons sérieuses, au bout de quelques années, ne feraient que trouver là une occasion excellente d'acheter du matériel à prix réduits.

IV

LIMITATION DE LA QUESTION

La liberté de l'Imprimerie a une portée exclusivement économique

Nous avons à discuter maintenant des intérêts plus élevés, ceux de la moralité et de l'ordre publics dans leurs rapports avec la thèse que nous soutenons. Les partisans du privilége, qui sentent le terrain réel du débat se dérober sous eux, pensent trouver ici un sol plus ferme et de plus facile défense, et se rattachent à ce côté de la question avec une ardeur désespérée.

La liberté de l'Imprimerie, disent-ils, est un immense danger social, un élément de dissolution auquel rien ne résistera : l'autorité politique et religieuse, la morale publique, l'honneur et la fortune des particuliers, tout va être à la merci de cette puissance anarchique, dont aucun contrôle sérieux ne pourra réprimer les abus. C'est en vain qu'on essaye de maintenir les formalités de la déclaration et du dépôt, qu'on continue d'astreindre l'imprimeur à mettre son nom sur tout ce qui sort de ses presses : ces précautions seront tout à fait illusoires. « Ce qui est praticable vis-à-vis de quatre, de six, de douze »industriels connus, ayant à préserver, en même temps que leur »propre honneur, leurs intérêts et jusqu'à leur situation tout en»tière, sera évidemment et fatalement impossible quand ces indus»triels se compteront par centaines, presque par milliers, dépourvus »la plupart de notoriété et de responsabilité, possédant un matériel de »peu de valeur, et n'ayant pas à redouter, pour les infractions les »plus graves à la loi, même la perte d'un brevet qui n'existera plus[1].»

Assurément, si la liberté de l'Imprimerie doit ainsi aboutir à l'abomination de la désolation et nous ramener à l'état sauvage, il faut

[1] *La Liberté de la Presse devant le Corps législatif*, par Ernest Merson. (Paris, Dentu). Il va sans dire que nous ne prenons pas plus particulièrement à partie que tout autre M. Merson. Nous analysons et citons les pages de sa brochure relatives à la question, parce que, émanées d'un publiciste qui est en même temps imprimeur, elles nous paraissent reproduire fidèlement le langage généralement tenu par les adversaires de la liberté de l'Imprimerie.

y renoncer ; mais qu'y a-t-il de vrai, de probable, dans cette sombre fantasmagorie ? C'est ce que nous nous proposons d'examiner.

La Presse a eu et aura toujours ses écarts ; l'Autorité a eu et aura toujours à les réprimer : cela est dans la nature des choses, et aucune puissance humaine n'empêchera qu'il en soit ainsi, jusqu'au jour, tout au moins, où nos mœurs publiques se seront assez améliorées pour que les intempérances de la plume cessent d'être un danger. Or nous soutenons que le brevet n'a arrêté et n'arrêtera jamais aucun excès, qu'il n'a notamment jamais été un obstacle aux publications clandestines, et que la liberté de l'Imprimerie laissera toujours entre les mains du Pouvoir des armes suffisantes pour défendre les grands intérêts sociaux qu'il a mission de sauvegarder.

Ce qui provoque l'écrit factieux, ce qui détermine l'impression clandestine, ce n'est pas la liberté : c'est la restriction à outrance, c'est le désaccord entre l'état de l'opinion publique et les lois qui en réglementent l'expression. Quand la pensée générale trouve dans les limites légales des moyens suffisants de manifestation, elle s'y maintient, et les excès isolés auxquels elle peut se livrer se produisent presque toujours au grand soleil : le pamphlet clandestin n'est jamais alors qu'une exception sans importance. Lorsque, au contraire, comme cela existait à la fin du dernier siècle, comme cela se produit souvent au lendemain d'une grande commotion politique, il y a un courant d'opposition énergique à l'ordre établi, les barrières légales sont toujours audacieusement franchies, et les écrits clandestins se multiplient. L'histoire tout entière de notre pays, depuis l'invention de l'Imprimerie, est là pour nous dire si jamais une mesure préventive a modifié cet état de choses.

Aussi un des hommes les plus sages et les plus éminents dont s'honore le commencement de ce siècle, le comte Daru, que nous avons eu déjà occasion de citer, écrivait-il en 1827, au sujet de l'Imprimerie, ces lignes remarquables : « Dans ce genre de consommation, comme » dans tous les autres, la fabrication se conforme au goût du consom- » mateur : d'où il suit que, si l'on est mécontent de la Presse, il ne » suffit pas de lui donner des entraves ; c'est l'esprit public qu'il faut » changer[1]. »

Cette idée est profondément vraie : l'Imprimerie, instrument tout passif de la pensée, reflète l'opinion, ni plus ni moins. Elle est, comme l'opinion, modérée dans les temps de calme, désordonnée aux époques de tourmente, avec toutes les nuances intermédiaires entre ces deux

[1] *Notions statistiques sur la Librairie.*

extrêmes; et le brevet, quand a éclaté l'orage, n'est qu'un fétu de paille opposé à un torrent. Les écrits les plus excessifs, les théories les plus audacieuses, les excitations les plus ardentes, ont eu, en 1848, le concours des presses privilégiées, comme elles auraient eu celui des presses libres, et, les mêmes circonstances se représentant, le même fait se reproduirait encore. Quel régime politique le brevet a-t-il sauvé ?

L'Imprimerie était sévèrement réglementée avant 89 : elle était tenue en laisse non-seulement par le Gouvernement, mais encore par une corporation jalouse de ce qu'elle appelait ses droits, et ne négligeant aucun moyen pour ne pas les laisser entamer par la concurrence extra-légale. Tandis que, d'un côté, les abords de la maîtrise étaient hérissés de difficultés de toute nature, de l'autre, les précautions les plus méticuleuses, parfois même les plus ridicules, étaient prises par l'Autorité pour qu'aucune impression n'échappât à sa surveillance[1]. Eh bien ! sans remonter jusqu'aux luttes de la Réforme, quelle époque a vu une plus grande masse d'impressions clandestines que le XVIIIe siècle? Et ce n'étaient pas seulement des pamphlets, mais des volumes, des ouvrages considérables, qui sortaient par milliers des presses non autorisées. Les étalages de nos bouquinistes regorgent encore d'œuvres philosophiques ou politiques de cette époque, qui, en guise de nom d'imprimeur, ne portent que ces mentions dérisoires : *A Londres, A Amsterdam, A Neufchâtel*, etc. Sous le titre de *Nouvelles ecclésiastiques*, les jansénistes ont publié pendant soixante ans, de 1728 à 1789, sans que jamais la police, qui avait mis tous ses limiers en campagne, ait pu savoir d'où il sortait, un journal qu'on trouvait placardé sur tous les murs de Paris[2]. Et pourtant il n'y avait alors dans la capitale que trente-six imprimeries! Et pourtant les peines formellement édictées par les réglements, l'amende *arbitraire*[3], la confiscation et la prison, avaient pour complément ces mots d'une redoutable élasticité : « à peine de punition exemplaire[4] », qui commençaient, il est vrai, à ne plus

[1] Les imprimeurs de Paris étaient parqués dans le quartier de l'Université, hors des limites duquel ils ne pouvaient s'établir ; ils ne pouvaient avoir qu'un seul établissement, qui était soigneusement visité tous les trois mois, sans préjudice des descentes extraordinaires de la police ; la porte des ateliers ne devait être fermée, pendant le travail, qu'à un simple loquet : enfin la déclaration du 10 mai 1728 va jusqu'à défendre, sous les peines les plus sévères, l'emploi des rouleaux, qui permettaient d imprimer sans bruit. (*V.* Saugrain, *Code de la Librairie et Imprimerie de Paris* (Paris, 1744), *passim*. — A.-F. Didot, *Essai sur la Typographie*.)

[2] Edmond Werdet, *Histoire du Livre en France*, 4e partie ; Hatin, *Histoire politique et littéraire de la Presse en France*, t. III, p. 433 et suiv.

[3] Arrêt du Conseil du 22 août 1626.

[4] Édit du mois d'août 1686.

V. Saugrain, *loc. cit.*, p. 29 et 34.

sentir le roussi — on avait des égards pour les prédilections philosophiques de Mme de Pompadour — mais se traduisaient très-bien encore, de temps à autre, par la Bastille et les galères.

Quel billet à La Châtre que ce brevet de l'ancien régime, avec son cortége de répressions odieuses, de vexations et d'entraves de toute nature ! Qu'a-t-il empêché ? et que pouvait-il empêcher ? Vouloir enfermer la société du XVIIIe siècle dans la sphère étroite du moyen âge était une entreprise tellement absurde, que violer la loi était devenu presque une mode, suivie avec tout l'entrain français malgré les périls qu'elle entraînait, et que même les caractères les plus purs et les plus intègres ne s'en faisaient pas scrupule : Malesherbes, le vertueux et infortuné Malesherbes, alors directeur de la Librairie, corrigeait les épreuves de l'édition clandestine d'*Emile,* et faisait mettre en sûreté chez lui les papiers de Diderot, qu'il envoyait saisir le lendemain.

Ici comme toujours, pour nous servir d'un mot célèbre, « l'opinion publique a gagné la dernière victoire. » Quand donc en a-t-il été autrement ? Le rétablissement du brevet a-t-il raffermi la puissance de Napoléon Ier, ébranlée, d'après son propre aveu, bien plus par le progrès des idées libérales que par les coalitions étrangères ? L'a-t-il préservé des pamphlets clandestins ? A-t-il empêché 1830 et 1848 ?

Aujourd'hui que la cause de la liberté civile et religieuse est gagnée, aujourd'hui surtout que le Gouvernement se prépare à abolir le régime exceptionnel qu'il a cru devoir temporairement imposer à la Presse ; que les principales entraves qui s'opposaient à la libre manifestation des idées vont disparaître ; que chacun va trouver le moyen de dire suffisamment ce qu'il pense, dans les limites de la loi, croit-on qu'il se trouvera beaucoup de gens disposés à les franchir au point de redouter la lumière d'une publicité loyale, d'appeler la clandestinité à leur aide ? Croit-on surtout que les imprimeurs, même libres, n'y regarderont pas à deux fois avant de risquer leur sûreté, leur position, leur crédit commercial et leur fortune grande ou petite, dans un travail illégal, qui appellerait sur leur tête les plus sévères châtiments ?

Qu'on ne perde pas de vue, d'ailleurs, qu'il ne s'agit pas, comme il semblerait qu'on affecte de le croire, de désarmer complétement la société contre les excès de la Presse, mais bien de supprimer une simple mesure préventive, dont on a reconnu l'inefficacité.

Mais, nous objecteront nos adversaires, nous contestons précisément la possibilité de la répression : la surveillance de l'Autorité ne pourra jamais s'étendre aux milliers d'imprimeurs que la nouvelle loi va enfanter, et, si les hommes honnêtes et sensés de tous les partis ne doivent faire de la Presse qu'un usage avoué et ostensible, il y aura toujours les fanatiques, les ennemis de toute autorité et de tout ordre social, qui profiteront de cette impuissance de l'Administration pour inonder le pays d'imprimés clandestins et nous conduire aux abîmes.

Voyons! cela est-il bien sérieux? Se figure-t-on ces *milliers* d'imprimeries apparaissant tout à coup comme des champignons, dans l'unique but d'exploiter la clientèle des conspirateurs? Car enfin, si, comme nous croyons l'avoir surabondamment démontré, le travail avouable est déjà insuffisant pour alimenter les imprimeries existantes, il faudra bien que ce soit sur la clientèle interlope que fassent fond les nouveaux imprimeurs qui viendraient ainsi surcharger le marché dans de telles proportions.

Ne soyez donc pas plus royalistes que le roi: cela fait toujours mauvais effet, et c'est avec de telles exagérations qu'on perd même les meilleures causes. Si le Gouvernement, qui est le premier intéressé dans la question et qui est mieux placé que personne pour en juger la portée, s'est décidé, après deux années d'étude et d'examen[1], à proposer la réforme projetée, c'est que probablement il ne croit pas qu'il y ait là pour lui un péril sérieux; c'est qu'il sait très-bien que les publications clandestines sont un mal inévitable, quelle que soit la législation en vigueur, et qu'il en est toujours quelques-unes qui échapperont à sa surveillance; c'est qu'il sait très-bien surtout qu'un Pouvoir fort ne meurt pas de ces coups d'épingle, et une société encore moins.

Et, d'ailleurs, le système actuel a-t-il en rien garanti le Gouvernement des atteintes de ce genre? Il est peu de crises politiques peut-être qui aient provoqué autant de pamphlets clandestins que l'établissement du second Empire: dans les premières années, ils couraient les rues. Ils ne s'imprimaient pas en France, direz-vous. C'est possible; mais la belle avance, en vérité! Croyez-vous que le Gouvernement n'eût pas préféré qu'il en fût autrement? Croyez-vous que ce fût pour lui une garantie de les savoir fabriqués tranquillement aux frontières, dans des ateliers placés en dehors de son action, d'où, grâce aux chemins de fer, ils entraient par fusées sur notre territoire pour s'y répandre dans tous les sens, ne prêtant le flanc à la répression que par le colportage illégal, saisis sur un point, mais arrivant à bon port dans dix autres, sans que jamais il fût possible de prévenir d'un coup la distribution?

[1] On ne sait peut-être pas assez que la question de la liberté de l'Imprimerie n'est pas liée d'une manière absolue au projet de loi actuel sur la Presse, mais a été soumise au Conseil d'État dès la fin de 1864, sous la forme d'un projet de loi isolé (V. *Journal des Économistes*, décembre 1864.)

Nous serions fort étonné si, même avec la liberté de l'Imprimerie, ce système était abandonné par les dissidents irréconciliables. Qu'il s'imprime en France quelques placards, quelques lettres de trois ou quatre pages que tout le monde peut multiplier avec une presse autographique comme nombre de particuliers en possédent, c'est possible : cela s'est fait, cela se fait encore, cela se fera probablement toujours ; mais que des brochures d'une certaine étendue, dont l'exécution typographique laisse toujours quelques traces, et qui auraient contre elles dix chances d'indiscrétion pour une, s'impriment dans le pays, sous la main sévère du Gouvernement, lorsqu'il est si facile de s'y soustraire, ce serait vraiment bien niais.

Un des signataires du *Manifeste de Nancy*, M. Foblant, ancien membre de l'Assemblée législative, vient de publier, à propos du nouveau projet de loi sur la Presse, une petite brochure qui n'est que la réédition d'un article inséré dans les *Varia*[1]. L'honorable écrivain est amené à traiter la question de la liberté de l'Imprimerie, et, tout en l'envisageant à un point de vue que nous n'avions pas à aborder, il conclut en somme, et malgré quelques divergences de détail[2], de la même façon que nous.

[1] *Liberté de la Presse*. Paris, Dentu.

[2] Il est un point surtout sur lequel nous sommes en désaccord complet avec M. Foblant : c'est celui du cautionnement, que le libéral nancéen est assez disposé à exiger des imprimeurs, afin, dit-il, « que la police soit armée des moyens de leur faire solder les amendes qu'ils auront encourues, et au payement desquelles l'ordre public est intéressé. »

Nous admettons parfaitement, avec M. Foblant, que la société est en droit de prendre toutes les garanties nécessaires contre les abus de la liberté d'imprimer, et, si le cautionnement avait à nos yeux ce caractère de nécessité, nous ne balancerions pas à nous ranger à son avis. Mais en est-il ainsi ? C'est ce que nous contestons de la manière la plus formelle. L'amende, dans notre droit moderne, n'est pas, comme le *wehrgeld* des anciens Germains, la compensation d'un dommage réductible, en quelque sorte, à une évaluation pécuniaire ; elle n'est pas davantage un moyen fiscal dont l'État (qui fait souvent des remises partielles ou totales) doive rigoureusement poursuivre l'application, pour chaque cas particulier, jusqu'à ce que le dernier centime soit entré dans ses caisses. Personne ne songe, et M. Foblant moins que tout autre, probablement, à lui donner l'un de ces deux caractères. L'amende est une *peine* (peine assez peu rationnelle, par parenthèse, car elle frappe très-inégalement, à raison des différences de fortune, des hommes coupables de délits identiques) ; son but est donc essentiellement répressif, et il est atteint toutes les fois que la répression est possible. Or une imprimerie n'est pas, comme un journal, comme une étude de notaire ou d'avoué, une valeur purement idéale ou conventionnelle ; c'est une valeur très-réelle, parfaitement tangible et saisissable : l'action de la loi ne risque donc jamais, dès lors, de tomber dans le vide. En effet, de deux choses l'une : ou l'imprimeur a d'autres biens que son matériel, et alors, en cas d'insuffisance de celui-ci, ces autres biens répondent du payement de la différence ; ou bien il ne possède que son imprimerie, et, dans le même cas, la condamnation

Nous croyons utile de reproduire la page si pleine de sens dans laquelle il examine l'utilité du brevet au point de vue de la clandestinité :

« Des hommes qui se disent conservateurs, et qui ne méritent point ce nom, soutiennent cependant que nous aurions beau faire, et que, sous un tel régime, la police serait impuissante à découvrir les imprimeries secrètes, qui s'établiraient, disent-ils, partout le jour où le Gouvernement aurait l'imprudence de laisser libre la profession. Nous n'en croyons absolument rien. Parler ainsi, c'est faire injure à la police, dont l'œil, si exercé de nos jours, ne s'endort sur aucun délit, notamment sur ceux qui ont trait à la politique. Un décret en date du 22 mars 1852 a, d'ailleurs, pris un bon moyen pour faciliter la surveillance, en obligeant non-seulement les fabricants de presses, mais les fondeurs de caractères, clicheurs, stéréotypeurs, etc., à tenir un registre paraphé par le maire, sur lequel doivent être inscrits, à jour, les noms, qualités et adresses de tous ceux auxquels ils font quelque fourniture. On pourrait compléter cette disposition en exigeant que tout citoyen qui, sous l'empire de la liberté de l'Imprimerie, aurait une presse en sa possession, déclarât à qui il la transmet, et cela le jour même où il s'en dessaisit.

» Avec toutes ces précautions, il se pourra encore, nous l'accordons, qu'un homme n'ayant rien à perdre s'avise de faire un coup fourré, achète une presse, des caractères, et, sous l'inspiration peut-être d'un parti qui lui aura fourni ses moyens d'action, jette sur la place une méchante brochure et s'enfuie. Si cela arrive une fois par hasard, il ne faut point s'en préoccuper. Bien malades seraient les gouvernements et les pays qui, pour un fait isolé de cette nature, courraient des risques sérieux. S'il pouvait être à craindre, au contraire, que cela ne se renouvelât, nous serions les premiers à chercher les moyens de nous garantir contre un tel danger. Mais, outre que rien de pareil n'est à prévoir, nous demandons à tout homme ayant son bon sens en quoi le régime actuel des brevets peut empêcher un aventurier de faire justement ce dont on nous menace. Le délinquant qui, étant donné la liberté de l'Imprimerie, se soustrait à la déclaration qu'il doit faire, et consent à courir la chance d'imprimer sans bruit un pamphlet, sauf à disparaître après coup, peut apparemment, si la fantaisie lui en vient, agir de même aujourd'hui. En quoi le régime actuel des brevets peut-il empêcher un homme de se procurer clandestinement une presse, d'acheter du vieux plomb, quelques rames de papier, de lancer une brochure et de prendre la fuite? Ceci n'est point entré dans nos mœurs. Pourquoi craint-on que l'usage ne s'en établisse sous une législation qui, plus douce pour les observateurs de la loi, garderait, nous l'admettons, ses rigueurs pour ceux qui voudraient la violer? »

Nous ne voyons vraiment pas ce qu'on peut répondre à cela.

qui le frappe le ruine complétement et le met désormais, en tant qu'imprimeur, dans l'impossibilité de nuire. Que peut demander de plus la société?

Nous ne discuterons pas les conséquences économiques et professionnelles du cautionnement, qui seraient, croyons-nous, encore plus désastreuses que celles du brevet.

Les considérations que nous venons d'émettre sur la politique s'appliquent, *à fortiori*, à la morale publique et aux intérêts particuliers. La liberté de la Librairie nous paraît même, sur le premier chef, donner une garantie de plus contre la propagation si déplorable des livres obscènes. Ce sont les colporteurs qui sont les agents les plus actifs, sinon les seuls agents, de cet ignoble commerce, que les lois pénales ne frappent pas assez rudement : cet empoisonnement de la moralité juvénile, dont les conséquences sont parfois si terribles, ne fût-ce qu'au point de vue physique, devrait être assimilé à l'excitation habituelle à la débauche et châtié d'une manière aussi sévère et aussi infamante. Or le colportage ne nous paraît pas devoir résister longtemps aux effets inévitables de la nouvelle loi. Lorsque, dans chaque village, le petit marchand, qui vend de tout, pourra vendre aussi des livres, il est probable qu'il en vendra. Cette nouvelle concurrence, combinée avec la facilité de plus en plus grande des communications, portera le dernier coup aux libraires ambulants, dont le nombre a déjà bien diminué. La société trouvera alors dans la fixité de la résidence, dans le contrôle de l'opinion publique, dans des habitudes d'honnêteté assez générales chez nos petits commerçants de campagne, au besoin enfin dans une surveillance plus facile et plus efficace, des garanties qui lui font aujourd'hui complétement défaut.

Ce qui nous paraît résulter, d'une façon manifeste, de tout ce qui précède, c'est que la justice et la raison conseillent également de faire cesser la confusion déplorable que l'on a toujours faite entre la pensée proprement dite et l'industrie qui lui sert d'instrument, entre la Presse et l'Imprimerie. Il y a un moyen bien simple d'éclairer une question qu'on a tant obscurcie, c'est de l'examiner à la lumière du droit : on verra, une fois de plus, que c'est de ce côté qu'est encore la véritable force, la véritable sauvegarde pour tous, et que la grande loi d'harmonie entre tous les intérêts légitimes s'impose toujours à l'esprit libre des passions qui viennent souvent en voiler l'évidence.

Quel est ici le droit de la société?

C'est, d'une part, d'empêcher, si elle le juge utile à sa sécurité, l'expression des idées outrées et des sentiments violents qui tendent à troubler la paix publique; d'autre part, d'exiger que toute pensée qui veut se produire le fasse loyalement et au grand jour, sans jamais essayer de se soustraire à son contrôle.

Quel est le droit de l'individu ?

C'est, d'une part, de n'avoir à subir aucune entrave dans l'exercice légitime de sa liberté; d'autre part, de n'être responsable, vis-à-vis de la société, que dans la mesure où il a personnellement et sciemment agi.

L'utilité de la répression en matière de presse a été contestée, et par des hommes qu'on ne peut considérer comme des casse-cou politiques[1]; mais le droit de la société n'a jamais été, que nous sachions, mis en doute par aucun homme de valeur. Du moment qu'elle use de ce droit, l'écrivain est donc responsable vis-à-vis d'elle. Mais qu'on remarque bien que les lois répressives de la Presse sont, dans leur essence et dans leurs applications, de nature extrêmement variable : « On est toujours le jacobin de quelqu'un », dit Mme de Staël, et le radical du jour finit souvent par se trouver le conservateur du lendemain, et *vice versâ*. L'écrivain a donc à tenir compte de ces fluctuations, à apprécier la mesure dans laquelle il peut émettre ses idées sans courir les risques d'un procès : nous sommes ici dans le domaine de la politique pure.

Mais est-il juste d'exiger de l'imprimeur une appréciation de même nature ? Est-il juste de demander à un industriel la finesse particulière de tact, la pénétration d'esprit indispensable pour aller chercher, sous une phrase d'apparence parfois anodine, la pensée secrète et répréhensible aux yeux de la loi ? Le point précis où commence le délit de presse est quelquefois si difficile à déterminer, que les magistrats les plus expérimentés hésitent sur la conduite à tenir, et que, là où tel d'entre eux ordonnera la poursuite, tel autre s'abstiendrait : comment veut-on, dès lors, qu'un homme étranger aux subtilités juridiques fixe ce point avec certitude ? Non, cela n'est pas juste ; d'autant que cela n'est pas même possible dans la plupart des cas. Le Code pénal, les lois de la Restauration, ont été établis à une époque où la publicité n'avait pas acquis cette habitude de fiévreuse instantanéité qui la caractérise aujourd'hui ; à une époque surtout où l'Imprimerie n'était pas encore entrée dans cette voie de la grande industrie où la force des choses la précipite de plus en plus. Le législateur pouvait alors présumer, avec quelque apparence de raison, l'imprimeur en état de se rendre compte des travaux auxquels il prêtait son concours ; aujourd'hui il n'en est plus ainsi. Les journaux se composent et s'impriment avec une telle rapidité, les brochures et les ouvrages se concentrent en telles masses dans les grands établissements, qu'il y a souvent impossibilité matérielle pour l'imprimeur à parcourir, même superficiellement, tous les écrits qui sortent de ses presses. Cette situation est tellement

[1] Voy. notamment Tocqueville, *de la Démocratie en Amérique*, chap. XI, *de la Liberté de la Presse aux États-Unis*.

évidente, que la jurisprudence s'adoucit chaque jour sur ce point, et que les tribunaux n'appliquent plus qu'avec la plus louable modération les peines édictées par les lois contre les imprimeurs, pour complicité dans les délits de presse.

Donc, en stricte équité, il n'y a de culpabilité réelle pour l'imprimeur que lorsqu'il cherche à soustraire ses produits au contrôle de l'autorité; donc la loi ne doit atteindre en lui que l'intention manifeste de clandestinité, et ne l'astreindre qu'à des formalités de police qui s'accommodent à tous les régimes et à toutes les variations politiques. Nous nous retrouvons donc ici simplement sur le terrain économique.

Voilà le droit : que peut perdre la société à l'appliquer dans toute son étendue? La complicité légale arrête-t-elle l'imprimeur? S'il en était ainsi, aucun journal, aucun écrit politique ayant une allure tant soit peu opposante, ne pourrait se publier. Quand l'imprimeur refuse des travaux de ce genre, c'est pour des raisons d'une tout autre nature; c'est que son intérêt positif et immédiat lui commande de le faire [1]. Lorsqu'il n'est pas retenu par cette considération, il affronte, dans la très-grande majorité des cas, toutes les conséquences de la loi, surtout lorsqu'il s'agit d'un journal, le seul pain quotidien, le seul aliment certain et régulier d'un atelier typographique.

Nous ne pouvons nous dispenser de faire remarquer que nous sommes ici complétement d'accord avec les Congrès d'imprimeurs. En effet, voici deux des trois résolutions prises par celui de Paris du 31 mars :

« II. Le Congrès émet le vœu que l'Imprimerie soit réglementée par une loi spéciale, et qu'elle cesse d'être confondue avec la presse périodique.

» III. Il demande : 1° que les imprimeurs n'encourent la peine de l'emprisonnement ou de l'amende que lorsque l'auteur ou l'éditeur est inconnu ou absent : 2° qu'ils ne soient déclarés civilement responsables qu'en cas d'insolvabilité de l'auteur ou de l'éditeur ; 3° qu'ils ne soient pas privés du bénéfice des circonstances atténuantes ; 4° que les délits et contraventions soient prescrits par le laps d'un mois à dater du jour du dépôt légal. »

Tout cela est très-juste et très-raisonnable. Mais pourquoi, dans votre première résolution, déclarer que vous n'avez pas à vous « prononcer sur l'opportunité du maintien ou de la suppression du brevet »?

[1] L'imprimeur, comme tout industriel et plus que tout autre peut-être, tient à ne pas être désagréable à sa clientèle. S'il travaille pour l'Administration, il se refusera à faire un journal d'opposition ; s'il est l'imprimeur du Clergé, il ne se chargera pas d'une publication rationaliste ou protestante. Il tiendra même compte, et nous connaissons des exemples du fait, des coteries scientifiques ou littéraires. Si les choses ne se passent pas tout à fait ainsi à Paris, en province c'est la règle.

C'était, tout au moins, parfaitement inutile : du moment que votre responsabilité *politique* cesse, le brevet, garantie de cette responsabilité, disparaît. Cela coule de source. Pas un Gouvernement, pas un Parlement français, ne voudra prendre sur lui l'odieux de rétablir à votre profit les lettres de maîtrise, et les brevets ne seraient plus autre chose.

Nous ne pouvons mieux faire, pour résumer la question, que de rapporter ici l'opinion d'un de nos économistes les plus distingués, M. Courcelle-Seneuil :

« Le monopole de l'Imprimerie, dit-il, a un caractère purement économique: il ne touche en quoi que ce soit à la liberté de la presse et de la pensée. En effet, il est facile de concilier avec la liberté de l'Imprimerie le régime le plus oppressif de la pensée et de la presse, depuis la censure jusqu'aux lois pénales les plus draconiennes ; il suffirait, pour cela, de maintenir les dispositions de nos lois qui sont analogues à la loi anglaise. On peut, au contraire, concevoir, et on a vu en pratique la liberté illimitée de la presse coexister avec le monopole de l'Imprimerie [1]. »

Nous ne devons pas négliger une dernière considération. La liberté de l'Imprimerie n'est pas un de ces essais aventureux sur lesquels plane toujours un doute plus ou moins pénible ; elle a fait ses preuves dans d'autres pays, et l'expérience a prononcé en sa faveur. Elle existe en Angleterre, en Belgique, en Suisse, aux États-Unis, dans la plus grande partie de l'Allemagne, et ni les particuliers, ni les gouvernements, ni même les imprimeurs ne s'en plaignent. Que si l'on nous objecte que les institutions politiques de ces pays diffèrent trop des nôtres pour qu'il soit possible d'établir une assimilation rationnelle, nous répondrons par l'exemple de la Prusse, où, même avant l'établissement du régime constitutionnel, l'Imprimerie était aussi libre qu'aujourd'hui.

La liberté de notre industrie ne doit donc alarmer personne : lorsqu'on en pèse les conséquences de sang-froid, on voit qu'elles ne peuvent avoir rien de contraire à la bonne police et à la moralité d'un pays ; qu'elles ne peuvent, en réalité, influencer ni l'une ni l'autre. Les hommes les plus opposés aux idées modernes n'ont eux-mêmes rien à gagner au maintien de l'état de choses actuel : le monopole n'a pas entravé le développement de ces idées, ce n'est pas la liberté qui en accélérera l'expansion ; leur avenir, comme leur passé, tient à des faits d'un tout autre ordre.

[1] *Dictionnaire de l'économie politique*, article *Imprimerie*.—2e édition ; Paris, Guillaumin, 1854.

Notre dernier mot sera un appel à la sagesse des chefs de l'industrie typographique : la question, vue par la majorité d'entre eux au prisme des intérêts alarmés, a revêtu à leurs yeux un caractère si fantastique, qu'il est indispensable qu'elle soit examinée de nouveau sous son véritable aspect. Qu'ils y songent bien, d'ailleurs : leur monopole, — triste monopole, en vérité ! — est en opposition si formelle avec le courant d'idées économiques qui règne dans les hautes régions du Pouvoir et qui gagne de plus en plus tout le pays, il est une anomalie si monstrueuse dans notre société de libre travail, que, quoi qu'ils fassent, il disparaîtra. Ne vaut-il pas mieux, dès lors, que cette éventualité se produise à une époque régulière et calme, que si elle naissait d'une crise politique qui doublerait la difficulté de leur situation ? A quoi sert, d'ailleurs, de reculer l'heure de la lutte, lorsqu'on ne peut pas y échapper ? Acceptez-la donc, Messieurs, comme il convient à des hommes de cœur : cette disposition d'esprit vaudra mieux pour vous et pour tous qu'une irritation impuissante.

Montpellier, imprimerie Gras.

www.ingramcontent.com/pod-product-compliance
Ingram Content Group UK Ltd.
Pitfield, Milton Keynes, MK11 3LW, UK
UKHW021033180726
13838UKWH00004B/1780

9 782329 332451